A Pearl of
the Orient
at Dior

# 迪奥的
# 东方女神

[法]柏林·伊里舍夫 著
[法]奥克桑娜·才茂　毛雯 译

中信出版集团 | 北京

图书在版编目（CIP）数据

迪奥的东方女神 / (法) 柏林·伊里舍夫著；(法) 奥克桑娜·才茂，毛雯译. -- 北京：中信出版社，2022.7

ISBN 978-7-5217-4467-5

Ⅰ.①迪… Ⅱ.①柏…②奥…③毛… Ⅲ.①阿拉·伊里春 (1926～1989) —传记 Ⅳ.① K835.655.7

中国版本图书馆 CIP 数据核字 (2022) 第 095558 号

ALLA——A Pearl of the Orient at Dior by Berlin Irishev
Copyright © 2022 by Berlin Irishev and CITIC Press Corporation
Simplified Chinese translation copyright © 2022 by CITIC Press Corporation
Published by arrangement with CITIC Press Corporation
ALL RIGHTS RESERVED.

本书仅限中国大陆地区发行销售

迪奥的东方女神

著　者：[法] 柏林·伊里舍夫
译　者：[法] 奥克桑娜·才茂　毛雯
出版发行：中信出版集团股份有限公司
　　　　　（北京市朝阳区惠新东街甲4号富盛大厦2座　邮编　100029）
承 印 者：捷鹰印刷（天津）有限公司

开　　本：880mm×1230mm　1/32　印　张：6.25　字　数：100千字
版　　次：2022年7月第1版　　　　印　次：2022年7月第1次印刷
京权图字：01-2022-3609
书　　号：ISBN 978-7-5217-4467-5
定　　价：59.00元

版权所有·侵权必究
如有印刷、装订问题，本公司负责调换。
服务热线：400-600-8099
投稿邮箱：author@citicpub.com

献给埃莉诺——我的缪斯

*Contents*

目录

推荐序　华丽的阿拉　　1
推荐序　巴黎时尚界的"东方明珠"　　4
自序　天生的模特　　7

*Part One*

第一章　　001
移民的艰难命运

一幅肖像的故事　　003
哈尔滨的童年时光　　008
初到巴黎　　015

*Part Two*

第二章　　019
在高级时尚界的登顶之路

时尚界的革命　　021
阿拉——伟大时尚设计师的灵感之源　　052
模特生涯　　060
性格之美　　072

## Part Three 第三章 高级时装大使 081

阿拉在迪奥国际战略中的角色 083
美国一梦 097
耀动英伦 104
欧洲之行 112
日本之旅 116
环游拉美 120
远游大洋 124

## Part Four 第四章 个人生活 129

年少时的判断——生活与爱 131
初恋男友罗伯特·卡帕 135
迈克·德·杜尔门 138
伊戈尔·穆欣和阿拉的晚年生活 144

结语 149
附录 媒体笔下的阿拉 153
致谢 175
资料来源 177

# *Introduction*
## 推荐序

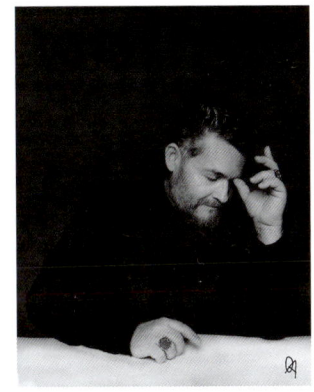

时尚史学家
俄罗斯艺术学院名誉院士
法国艺术文学骑士勋章和拉脱维亚
十字架勋章获得者
**亚历山大·瓦西里耶夫**

## 华丽的阿拉

1987年,巴黎的克里斯汀·迪奥时装品牌庆祝成立40周年。那时,我正好在巴黎的俄文报纸《俄罗斯思想》从事有关俄罗斯移民史和时尚史的撰写工作。在迪奥品牌的新闻稿上附有黑白照片,其中就有激发我灵感的异域风韵东方模特阿拉·伊里春的照片。如今回头想想,我也很难想象我是如何在偌大的巴黎打听到这位奇女子的电话号码的,是如何约她见面,又如何被她邀请到了她在巴黎第13区的意大利广场附近的公寓。

阿拉·伊里春不仅是给迪奥先生以灵感的缪斯，也是一位很有魅力的女性。当时常有许多名流往来于她的会客厅，而阿拉永远是大家关注的焦点。也正是在这间大客厅里，我与由拉威尔谱曲、传奇编舞家布罗尼斯拉瓦·尼金斯卡编舞的剧目《博洛罗》的首演舞者弗拉基米尔·斯库拉托夫相识。同时，在这里我也能经常见到弗拉基米尔的弟弟，即阿拉的丈夫——室内装饰设计师和《俄罗斯思想》报的摄影师伊戈尔·穆欣。

即使到了那个年纪，阿拉还是跟从前一样美丽。她苗条高挑，对自己的言谈举止充满自信。她知道自己那前所未有的俄哈混血美貌令人着迷，也相信自己这种形象的魔力。我觉得阿拉的生活真的很特别，因此我欣喜地写了一篇文章，并在报纸上刊登了一些片段，无意间成为第一个为她作传的作者。但是在那个年代，人们通常认为谈论俄罗斯移民的故事是不太合适的，因此这篇文章没有得到广泛的认可。

阿拉出生于哈尔滨，其父为哈萨克人，是一位铁路工人；其母为一位俄罗斯歌剧演员。本书由来自哈萨克斯坦、现居巴黎的阿拉生活探寻者柏林·伊里舍夫所著，从本书中，您可以了解到有关阿拉女士的出身细节。这位传奇女子确实是伟大的时尚天才克里斯汀·迪奥的缪斯，但我们相识时，她已不在时尚界工作，日子也过得比较苦。阿拉欣然答应了我向她发出的客串出演文艺片的邀请，这也是她的最后一次拍摄。拍摄那天，她穿着一身从巴黎家中带来的华丽丝绸和服，看上去非常美丽动人。她还回忆说，这和服与腰带是她去日本旅行时有人送给她的，彼时，她的嘴里还叼着一朵红玫瑰……这个画面就是皮埃尔·里夏尔和夏尔·阿兹纳夫主演的由艾伯特·科恩所著小说《瑞士寻宝记》改编电影的第一幕，拍摄于巴黎夏宫。阿拉·伊里春饰演战前时代日本驻日内瓦国际联盟大使之妻。

阿拉喜欢谈起她与英国公主玛格丽特（英国女王伊丽莎白二世唯一的妹妹）的友谊，也喜欢提起自己与迈克·德·杜尔门伯爵同行的令人难忘的热带多岛之行……很久以后，当阿拉已不在人世时，我去南美长途旅行并来到了秘鲁。在利马的一个跳蚤市场上，我很幸运地淘到了一整套被热带白蚁啃过的克里斯汀·迪奥于1955年收藏的稀有照片，其中包括许多阿拉·伊里春的照片。对阿拉的美好回忆在我心中久久挥之不去。

有一天，阿拉的童年好友、前模特迪娜·瓦雷诺娃转赠给我一套由克里斯汀·迪奥于1948年设计的阿拉的工作服，这套衣服的腰围只有47厘米。我已多次展出过这件衣服。她标志性的杏仁眼在二十世纪五六十年代在世界各国无数女性中掀起了箭头式上挑眼线的新潮流。

数年之后的今天，柏林·伊里舍夫先生付出巨大努力著成本书，而我正心怀自豪与喜悦，为这本关于阿拉这位杰出女性的书来作序。亲爱的读者们，我很高兴邀请你们来揭开克里斯汀·迪奥先生的缪斯——阿拉·伊里春的奇妙命运的神秘面纱。

# *Introduction*

## 推荐序

时尚与高级时装品牌史学家
朱莉娅·古永

## 巴黎时尚界的"东方明珠"

从历史角度看，法国高级时装业的声望归功于那些代表不同民族的人才的独特"融合"。这也是起源于巴黎的高级时装业至今仍能享誉于世界的原因。在这里，不仅有众多享有盛名的卓越设计师，时装模特、裁缝、珠宝设计师以及创作过程的所有参与者也都有自己的故事。得益于专家和公众对此日益浓厚的兴趣，这些故事被重新唤醒。如今，借助于网络上丰富的档案库资源、私人基金及数据库的开放访问权限，此类信息的查找变得愈发容易了——只要肯查，就找得到。

模特，尤其是20世纪50年代在法国时尚"黄金时代"的特殊光环包围下的那些模特，是时尚最有代表性的使者。阿拉的不少模特同行在很早以前就出版了回忆录，而她选择将自己经历的许多细节保密。她的出身是造就她独特之美的奥秘，这种"神秘感"，成就了高级时尚的穹宇中阿拉的传奇。

得益于柏林·伊里舍夫带领的哈萨克工作小组的辛苦努力，以及工作组与迪奥遗产部门和法国的伊夫·圣罗兰博物馆的档案保管员的密切合作，各方克服了地域和语言的障碍，成功还原了阿拉神秘的一生。本书包含了许多关于阿拉·伊里春生活的新发现，如她在哈尔滨出生，1936年移居巴黎等细节。1947年，在她最初与克里斯汀·迪奥和伊夫·圣罗兰共事之时，那段要素纷繁的家族史为她开启了通往高级时装界的大门。独特的美为她赢得了国际声誉，也给她带来了在国际舞台上走秀的机会。

克里斯汀·迪奥口中的"东方明珠"阿拉的生活和职业生涯，体现出东方世界在高级时装界中的重要作用。东方文化为20世纪的巴黎时装设计师提供了各种各样的灵感来源，如丰富多彩的民族服装、面料、图案，独特的城市文化特征，以及来自遥远东方国度的大师和模特作品。克里斯汀·迪奥选择阿拉作为灵感来源和时装模特的做法是革命性的、冒险的，但同时注定会成功。

阿拉的迷人而永恒的美丽在雅典卫城、威尼斯的圣马可广场以及英格兰的布伦海姆宫的映衬下，散发着格外耀眼的光芒。即使在私人家庭影集的照片里，也可以看到她那非凡的能量。就算是身着传统头巾和上衣，阿拉也焕发出宛如在 T 台上的强大气场。阿拉·伊里春就是无尽优雅的象征。

*Julia Guillon*

# Introduction

# 自序

柏林·伊里舍夫

## 天生的模特

"天生的模特！"——克里斯汀·迪奥曾经用这样简洁而富有概括性的话语形容阿拉·伊里春。迪奥先生从未对自己的其他任何一位模特作出过这样的评价。

在著名时尚历史学家让·诺埃尔·利奥的著作《时尚模特》中，《迪奥》一章从对阿拉的叙述展开："阿拉是唯一一个能使大家钦佩，甚至使模特同行钦佩的人，即使在她的时装模特同伴中也是如此。""女王""众星之星，极致之美""纤体如丝、漆发若墨的陶瓷娃娃""令人难忘""藤蔓般纤瘦的迷人女孩""阿拉——步态轻盈、沉静平和的美丽的中国模特""一朵奇葩……东方女神"①。对一个模特如此潮水般的赞誉在竞争激烈的高级时装界中极为罕见,而且极易激起他人的嫉妒与不满。

阿拉生于中国哈尔滨,以中国公民的身份在巴黎的时装公司工作了近二十年,以法国公民的身份离世,葬于巴黎。这位柳腰47厘米、会说包括俄语在内的五种语言、彻底改变高级时装世界的神秘迷人的"中国女人"到底是谁?事实是,阿拉是欧洲时装秀模特中的第一张亚洲面孔。直到20世纪50年代后期,守旧的巴黎高级时装界才开始对亚洲模特产生兴趣。1957年,皮尔·卡丹发现了松本裕子,不久之后,他又发现了19岁的柬埔寨美女莫姆·石磊·妮姆。然而,克里斯汀·迪奥却是世界T台史上亚洲面孔的首位启用者——启用了一位出生于中国东北的模特。因此,尽管高级时尚界存在着争议,我们仍能从迪奥先生的选择中看出他敏锐的洞察力和远见卓识。

如今,我们在很多高级时装书籍中都可以看到"有色人种"模特(包括非洲和亚洲女性)照片。在"有色人种"模特进入高级时装界这一进程中,阿拉起到了非常大的作用。直到今天,她的名字和照片依旧频繁出现于时尚类著作中。如2016年出版的百科全书性重要著作《迪奥时尚秀》中就包括18张阿拉的照片,②2018年出版的《时尚的世纪》一书中也出现了阿拉·伊里春身着著名连衣裙Junon的照片。③

---

① Jean-Noël Liaut. Modèles et Mannequins. 1945-1965. Paris, Filipacchi, 1994, P. 182.
② Adélia Sabatini, Alexander Fury. Dior. Défilés. Editions de La Martinière, 2016.
③ Catherine Ormen. Un siècle de Mode. Larousse, 2018, P. 49.

在《迪奥——欢乐时刻》一书折页的正中,就再现了一张罕见的照片:照片中克里斯汀·迪奥正如父亲般地亲吻阿拉,而阿拉则十分开心地接受了这个吻。该书于2019年在巴黎和纽约出版。[①] 但是,即使在专著中,也很少有人提及阿拉生活的任何事情。来自中国东北的神秘女士阿拉·伊里春到底是谁?她,是真正的未解之谜。

本书首次较为全面地揭秘阿拉·伊里春艰难而波折的非凡命运的细节。讲述她的模特生涯和她在时尚史上地位的文章很多,但阿拉的个人生活和她淡出时装界后的生活却一直笼罩在神秘之中。这本书的价值在于揭示迪奥时代前后阿拉的一些生活细节。该书依据官方文件、稀有照片和阿拉的传记事实而作。提供这些信息的人包括其子马克·德·杜尔门,教女斯维特拉娜·洛博夫和其母亲、阿拉的童年好友伊莲,以及20世纪50年代担任克里斯汀·迪奥助手的乔恩·迈克尔森和迪奥商店的女售货员索菲·詹斯(后两者为我们提供了在职场上有关阿拉的细节)。这些人从不同角度向我们揭开了阿拉的一生,使她的故事重焕生机。我们还采访了三位时尚历史学家,他们分别是亚历山大·瓦西里耶夫、让·诺埃尔·利奥和约翰·迈克尔·奥沙利文,这几位时尚史学家帮助我们重现当时社会历史背景下阿拉的地位和她辉煌的职业生涯。

可以肯定地说,该书相关的研究和写作工作不仅仅出于自发的热情,更多的是出于还原理应属于世界历史和文化的一份宝贵财富的渴望。

阿拉命运的复杂性和曲折可以用"蝴蝶效应"来解释。这个概念被

---

① Muriel Teodori. Dior. Moments de joie. Flammarion, 2019, P54-55.

形象地表述为：一只蝴蝶在巴西轻轻拍打翅膀，得克萨斯州就可能刮起一场龙卷风。每个看似微不足道的小事件，都可能对遥远的时空产生巨大影响。几乎没有人能想到，出生在哈尔滨的女孩阿拉会出现在巴黎的主流时装秀上，并掀起时尚界的一场大变革。

蝴蝶效应的另一种体现是，在偶然之间，阿拉那迷人的身姿从一幅以柔和烟色为底色的肖像画中跃入我的眼帘，而书中这段传奇的故事，也就由此而起……

# Part One

第一章
## 移民的艰难命运

古尔纳拉·诺伊曼作品（Gyulnara Neumann，意大利）

## 一幅肖像的故事

一个夏日周日的下午，我在巴黎街头漫步，走到了正进行着古董展销的蒙梭公园，里面的展览有家居用品、家具、首饰以及艺术家的稀有画作。如果走运的话，在这些地方还可以找到真正的宝藏。那天我出乎意料的幸运。

在众多美丽的画作中，有一幅引起了我的注意——画中有一位穿着华丽连衣裙的优雅女子，在她那如飞起的鸟儿翅膀般上挑的眉毛下，一双亚洲风情的眼睛里，闪烁着调皮的火花。从画中背景来看，我猜她正离开一家剧院或饭店。尽管这只是一幅静态的画面，我仍然被她迷人的目光和耀眼的光彩所震撼。在她的脸上我感到了一丝说不清的亲切，而那一身华丽的服装和装饰着羽毛的宽边帽子清楚地表明，这位美女的命运和她黑眸中调皮的目光一样神秘而丰富。我脑子里闪过一个念头："难道这个人就是迪奥的缪斯阿拉·伊里春吗？"

令人惊讶的是，蒙梭公园可以被称作"缪斯公园"。这里有许多著名艺术大师的雕像，包括莫泊桑、肖邦、阿尔弗雷德·德·穆塞特、夏尔·古诺等人的雕像，这些雕像通常按照希腊的传统，被其灵感缪斯的雕像所包围。每个伟大人物的背后都有自己的缪斯，即其神圣灵感的源泉。对于传奇女装设计师克里斯汀·迪奥来说，缪斯就是阿拉·伊里春。我在这里找到了阿拉的画像，并毫不犹豫地买下了。这幅画像由巴黎画家莱昂·蔡特林创作，叫作《在衣帽间》。

我想起了亚历山大·杜马斯的儿子对玛丽·杜普莱西的描写："个子高高的，身材苗条，有乌黑的头发，脸色白里透红。她的头形生得小巧玲珑，一双细长的、像日本女人似的眼睛又黑又亮，顾盼自如，衍生出无限风情。"[1] 但我有一种莫名其妙的感觉：与曾经以美丽和脆弱吸引着巴黎贵族的巴黎女人相比，这位来自无名画作的神秘女人拥有更多的深度、秘密和无法探索的一面。

后来，我在法国的 *L'OFFICIEL* 时尚杂志中找到了为庆祝迪奥成立 70 周年发表的一篇文章，其中有这样的记述："阿拉、拉吉、普拉琳、塔妮娅、勒内和其他几位模特被克里斯汀·迪奥称作仙女，她

---

[1] Alexandre Dumas. La Dame aux camélias. Diane de Lys. Le Bijou de la Reine. Volume 1, Paris, Michel Lévy Frères, Libraires Éditeurs, 1868, P. 7.

莱昂·蔡特林,《在衣帽间》
阿拉·伊里春的罕见肖像
柏林·伊里舍夫私人收藏

们是他最喜欢的时装模特和永恒的缪斯。其中一位高颧骨、有着调皮的微笑、长着一对像猫一般的眼睛的，正是来自亚洲的阿拉·伊里春。"[1]

我的脑中很快浮现出许多问题：迪奥的缪斯到底是谁？她的生活是怎样的？她结过婚有过孩子吗？她的父母是谁？最后，是什么样的独特性使她成为高级时装界的重要人物？

也许用奥斯卡·王尔德的话来回答这个问题会更简单一些："美是天才的一种形式——实际上还要高于天才，因为美不需要任何解释。"[2] 但是在王尔德提出这个观点很久之前，佩特罗尼乌斯说过："美貌和智慧很少能结合在一起。"[3] 即使这样，这位女士的优雅和庄重仍与她的智慧完美结合，甚至世界高级时装鼻祖迪奥先生本人也非常欣赏阿拉的智慧和才华！

如今，互联网上开始出现关于阿拉的文章，虚假信息以讹传讹，很多细节互相矛盾。于是我们决定，为了使读者了解她人生的真相，要努力对她的故事进行深入研究。我们立即开始寻找她的相关信息，主要是在巴黎，因为阿拉在这里居住了很多年。阿拉的个人故事与迪

---

[1] Emmanuelle Bosc. Qui étaient les muses de Christian Dior？L'Officiel, 2017.10.19 https://www.lofficiel.com/fashion/qui-etaient-les-muses-de-christian-dior

[2] Oscar Wilde. The Picture of Dorian Grey. Peterborough, Broadview Press, 1998, P. 62.

[3] Pétrone. Encolpe et Giton, ou le Satyricon de Pétrone moins le Banquet de Trimalcion. Paris, Quintes-Feuilles, 2000, P. 79.

奥的品牌史交织在一起。

  我和我的同事从各个方面进行了信息搜集：档案馆、政府机构、专门图书馆甚至东正教教堂——与教堂联系是为了找到阿拉的墓地。另外，我们还询问了阿拉的儿子马克·德·杜尔门以及阿拉曾工作过的迪奥和圣罗兰两家时装公司。

  我们渐渐揭开了迪奥缪斯神奇的生活故事。经过长时间的信息搜索和研究，我们揭开了阿拉·伊里春在生活中扮演的各种不同的角色，包括明星、偶像、灵感女神、女人和母亲。

  阿拉从母亲那里继承了斯拉夫人的魅力和优雅，有着其俄罗斯母亲身上的异国风情之美。对中国人来说，阿拉也并不陌生，因为她曾是一名中国公民，并且她的童年也是在中国度过的。阿拉也是使她达到高级时尚界顶峰的法国人的骄傲。她享誉世界，成为这三个国家的使者，同时也是迪奥的大使，为法国高级时装在海外的成功做出了宝贵贡献。

## 哈尔滨的童年时光

在阿拉的模特生涯起步之初,就有了许多关于她出身的难以置信的传言。在报纸中,她常常被称为"中国女人",因为她实际上曾拥有中国国籍。阿拉出生于非常受俄罗斯移民欢迎的中国北方城市——黑龙江省哈尔滨市。有时她也被称为"欧亚美女",这种说法更符合事实。

阿拉于1926年12月10日出生于中国哈尔滨,生于俄罗斯贵族塔玛拉·米哈伊洛娃和哈萨克斯坦富裕地主库昂特汗·伊里春所组成的家庭里。

塔玛拉·维亚切斯拉索夫娜·米哈伊洛娃于1910年出生在圣彼得堡的俄罗斯贵族维亚切斯拉夫·米哈伊洛夫和埃琳娜·罗曼诺夫斯卡

娅所组成的家庭中。十月革命后，包括塔玛拉家人在内的许多贵族、军官和白人后裔都逃到哈尔滨。在哈尔滨，年轻的塔玛拉遇到了她未来的丈夫——一名铁路工程师，并在她 16 岁时生下了女儿阿拉。

　　阿拉·伊里春的父亲是被派往哈尔滨参与中国东方铁路建设工作的工程师。那时哈尔滨有许多这样的铁路工程师。有趣的是，那时，中国东方铁路的工程师不管是否居住在哈尔滨，都会被称为"东清铁路人"或"哈尔滨人"。

**阿拉的父亲库昂特汗·伊里春**
1927 年，玛丽亚·克罗托娃教授于圣彼得堡的中国东方铁路档案中发现的照片

**婴儿时期的阿拉与其母亲塔玛拉**
马克·德·杜尔门的家庭档案

俄国政府 1891 年最终决定建造连接俄罗斯欧洲部分和远东地区的西伯利亚铁路。而 1894 年俄国政府发现，要想让轨道平缓且降低成本，就需要穿过中国东北铺设一部分铁路，这首先必须获得清政府方面的同意。为此，俄方向中国提供甲午中日战争对日赔款的经济援助。正是这一特许权的获得，使中国东北变成了俄罗斯影响范围内的地区。

西伯利亚铁路的建设始于 1897 年。同时，当地政府决定在松花江两岸几乎全部被毁坏的村庄原址上建立铁路线上的行政中心——哈尔滨。这座城市后来成为俄罗斯移民的中心城市，于 1898 年的春天由第一批建筑工人安营扎寨时创建。这座由俄国铁路工人在中国土地上建造的独特城市吸引了移民，导致了当地人口的大量增加。1924 年，约有 10 万俄国移民居住在此。[1] 居住在国外的大部分俄罗斯人曾一度集中在哈尔滨。[2]

中国东方铁路的高层对学校、医院、教堂和住宅的建设进行大量投资。在哈尔滨，曾有 26 个东正教教堂、6 所高等教育机构和多所基础教育机构得到过中国东方铁路的资助。[3] 中国东方铁路试图为每

---

[1] 《中国哈尔滨的俄罗斯大列巴面包》，《星球回声》，2006 年，第 42 号，第 30 页。

[2] The Editors of the Encyclopedia Britannica, Harbin, 18.03.2013. https://www.britannica.com/place/Harbin

[3] 埃非莫夫，梅尔库洛夫，《二十世纪中国正教史》，东正教圣吉洪人文大学，第十六届年度神学会议，2006 年，第 52 页。

幼儿时期的阿拉
斯维特拉娜·洛博夫的家庭档案

位员工提供一间公寓。据马克·德·杜尔门说，他母亲的家人住在哈尔滨郊区一个有马棚的大型住宅里。这表明，伊里春家庭非常富有，属于哈尔滨市的上流阶层。1932年，阿拉的母亲塔玛拉·米哈伊洛娃以优秀成绩从一所私立医学院毕业，并获得了牙医文凭。她1933年到1935年间在中国东方铁路的牙科诊所担任牙医。[①]

1924年，中国和苏联签署了关于中国东方铁路特殊权利的协议，该协议规定只有苏联和中国公民有权从事中国东方铁路的建设工作。那时候中国东北居民的主要工作机会和收入都来源于中国东方铁路。然而，不是苏联或者中国公民的居民将会失去在中国东方铁路的工作。采取这些措施的目的，是彻底将远东地区的白军运动镇压下去。[②] 我们知道，塔玛拉和阿拉加入了中国国籍——1926年，哈尔滨是中华民国的领土，1924年苏联总领事馆在此开放。根据这个逻辑，阿拉的父亲库昂特汗也加入了中国国籍。

尽管有苏联政府的压力，哈尔滨仍然是一座"白军"城市，即"旧俄罗斯时期的岛屿"，保存了父权制、宗教信仰和革命前的生活方式。小阿拉就是在这样的氛围中长大的。她从不会中文——这并不奇怪，当时生活在哈尔滨的移民受到中国文化的影响非常少，但是她能流利地说几种欧洲语言：法语、俄语、意大利语和英语。根据澳大

---

① 马克·德·杜尔门的家庭档案。
② 玛丽亚·克罗托娃，《中国东方铁路员工个人档案——对俄国在满洲里驻队的研究》——出自《圣彼得堡历史杂志》，2014年，第2号，第127页。

少年时期的阿拉与母亲在哈尔滨
马克·德·杜尔门的家庭档案

利亚《信使邮报》的报道,阿拉儿时学习芭蕾舞,所以长大之后她仍然有着灵活的身体和优美的身材。[1]

1935年,阿拉一家离开哈尔滨,移居上海。但是他们在上海生活了不到一年时间,就乘斯堪的纳维亚公司的轮船去了巴黎。从中国到欧洲,这艘轮船航行历时约20天,途经东海、南海,然后经过印度洋,再通过苏伊士运河进入地中海。塔玛拉和阿拉于1936年很及时地离开了中国,因为后来随着日本对中国所有港口的逐步占领,离开中国变得更加困难。[2]

---

[1] Lucy Gough. Christian Dior's star mannequin. The Courier Mail Australia, 1950. 2. 18.
[2] 斯米尔诺夫,《满洲里的日本政治和俄国移民组织》(1932 - 1945)——出自《乌拉尔东方研究》,叶卡捷琳堡,乌拉尔大学,2007年,第64页。

## 初到巴黎

在巴黎，母女俩没有任何朋友或熟人，塔玛拉很难找到一份本专业的工作——那时候的法国女牙医仍十分稀少，并且本地人对待她的外国文凭并不信任。因此，阿拉的母亲为了养家糊口，决定把所有的家传珠宝卖掉，之后于1937年考上了以谢尔盖·拉赫玛尼诺夫命名的俄罗斯音乐学院，并加入了洋·鲁邦教授的歌剧班。

由于母亲职业的缘故，童年时期的阿拉经常接触知识分子和白人移民。塔玛拉巡演时，阿拉经常待在自己儿时的好友伊莲家。她们一起弹钢琴——阿拉小时候在哈尔滨学会了弹钢琴，她用精湛的琴技演奏了莫扎特的《土耳其进行曲》。

"阿拉非常活泼调皮，她喜欢开同学的玩笑。阿拉家和我母亲的

未来之星：阿拉·伊里春、迪娜·瓦雷诺娃和伊莲·洛博夫在巴黎

父母家是巴黎第十五区的邻居,所以我母亲和阿拉经常下课一起回家。夏天,她们有时会徒步穿过布洛涅森林,那时候散步是她们唯一的娱乐方式。当时,凡尔赛仍然十分荒芜。这是饥饿的战争年代,她们常常梦想着能吃小蛋糕。"斯维特拉娜分享其母亲的回忆道。

据阿拉的儿子马克·德·杜尔门说,阿拉的母亲由于在1944年纳粹占领期间与一名德国军官谈恋爱而面临迫害。[①] 幸亏有阿拉的帮助,母亲才能脱离危机。[②] 这并不奇怪,因为阿拉精通几种外语。"1945年出现了一些聚集着歌手、舞蹈家和艺术家的小公司。我的姑妈纳丁把阿拉带到了其中一个舞团。她们俩都跟着一家美国音乐剧团到比利时和瑞典巡回演出。纳丁跳舞,阿拉走秀。"

"有一天,一个梦想成为模特的剧团舞蹈演员收到了迪奥的模特选拔邀请,"阿拉本人在《芝加哥论坛报》的一次采访中描述了这段经历,"迪奥问我是否想做他的模特。我的朋友没被选上,但我与她保持了良好的关系。"[③] 跟迪奥的合作改变了阿拉一生的命运。就这样,1948年,阿拉全新的人生阶段开始了。

---

① Peter Novick. L'épuration française, 1944-1949. Paris, Baillard, 1985, P. 326.
② 马克·德·杜尔门接受卡里加什·阿比耶娃的采访,2018年10月17日。
③ 同上。

# Part Two

第二章
**在高级时尚界的登顶之路**

古尔纳拉·诺伊曼作品（Gyulnara Neumann，意大利）

## 时尚界的革命

几个世纪以来,巴黎一直被视为世界时尚之都。到1939年,巴黎已经有许多时装屋。迪奥时装屋成立于1947年。随着第二次世界大战的爆发,国际局势发生剧变。由于欧洲经济疲软,许多时装屋被迫关闭,还有一部分迁往国外。剩下的时装屋在严格的预算限制和裁员的情况下运作。

德国占领时期,法国妇女选择穿着便于她们在工厂工作的舒适制服,不再穿优雅的华服。由于那时候巴黎的汽油不足,自行车出行代替了汽车出行,而穿裤子骑自行车也更方便。那时候,制服对时尚趋势产生了重大影响。[1] 克里斯汀·迪奥认为这样的衣服是"丑陋"的，"帽子太笨重，夹克太长，裙子太短，鞋子太重"[2]。他首个服装系列的灵感来源于法国美好时代，其代表形象为花卉、女性，其服装的主要特征在于强调纤细的腰身、丰满的胸部和像盛开的花蕾一样的宽裙摆。

在法国纺织大亨马塞尔·布萨克的经济支持下，克里斯汀·迪奥于1947年2月12日在颇具传奇色彩的蒙田大道30号展示了他的首个服装系列："旋转的大裙摆（一条裙摆需要长达20米的布料）、侧帽——这是真正的巴黎气质，是游走在优雅与疯狂边缘的女性气质、娇媚姿态和性感的化身。"[3] 在战争年代被人们遗忘的花瓣形状和轮廓，体现在 En Huit 和 Corolle 系列的服装中，并对女性产生了非常大的吸引力。美丽迷人的模特展示了这些系列服装，她们平静地"用裙子把烟灰缸从桌子上扫下来"[4]。然而，对迪奥新系列的反响好坏参半：尽管每件连衣裙都被视为杰作，但在资源有限的情况下，由于每件服装都需要约40平方米的真丝，浪费严重，迪奥因此受到严厉批评。另外，女权主义者对蓬松裙摆和紧身胸衣的回归怀有敌意。

---

[1] 夏洛特·辛克莱尔，《VOGUE 时尚传奇》(VOGUE 关于克里斯汀·迪奥)，奥塞涅娃译。M.，斯洛沃，2013年，第13页。

[2] 同上。

[3] Marie-France Pochna. Dior. Mémoire de la mode. Paris, Assouline, 1996, P. 4.

[4] 同上，第8页。

比利时 *Femmes d'Aujourd'hui* 杂志封面上的阿拉，1947 年

在那个年代，女装时尚发生了根本性的变化，在迪奥的服装中，恰恰有着战争年代被人们遗忘的精致女性气质。《时尚芭莎》杂志的主编卡梅尔·斯诺在首场时装秀上大声疾呼："亲爱的克里斯汀，您的连衣裙看起来如此新颖（英文：新风貌）！"她的这一评论赋予了这个传奇系列以名称，这种风格从此被称为"新风貌"。①《时尚》杂志的主编贝蒂娜·巴拉德也赞同地说："我们目睹了一场时装界的革命，也目睹了一场时装秀的革命。"②

每套迪奥服装都有特殊的设计。不是连衣裙配合模特的身材，而是模特的身材要随衣服而变：借助紧身胸衣可以达到胸丰腰细的效果。想要穿上这些服装需要借助外力，因此可以说，这些服装是为富有的客户而设计的。③迪奥的新风貌系列征服了全世界，人们都为其所倾倒，各大杂志都争相报道迪奥的惊人成功。

克里斯汀·迪奥非常重视模特的选用，模特选拔是他准备系列服装时最重要的步骤之一。他花了数周时间寻找合适的女孩，甚至在报纸上刊登了广告。在他的自传中，迪奥回忆那时候的巴黎大部分妓院关门了，因此许多漂亮的女人开始寻找新工作。但是，那些女孩子的

---

① La révolution de New Look. Dior en histoires, La Maison Dior.
https://www.dior.com/couture/fr_be/la-maison-dior/dior-en-histoires/la-revolution-du-new-look
② 同上。
③ 夏洛特·辛克莱尔，《VOGUE 时尚传奇》（VOGUE 关于克里斯汀·迪奥），奥塞涅娃译。M.，斯洛沃，2013 年，第 28 页。

举止并不符合他的要求，因为对迪奥来说，一个人要做时装模特，其举止和身材同样重要。在所有参加选拔的女孩中，他只选择了前速记员玛丽·泰蕾丝，后来她成为迪奥最好的模特之一。然后他派自己的助手前往各省寻找理想的模特人选。[1]

阿拉于1947年来到迪奥时装屋，她的第一个系列是"1948春夏系列"。阿拉纤细的腰部线条非常适合展示这种具有女人味的风格。她是在偶然中闯进迪奥的世界的。克里斯汀·迪奥在回忆录中回忆了这个决定品牌命运的意外："她当时正为能当上替身而和一个朋友一起进行展示。一看到她，我就请求穿衣室的头儿把她留下来。"[2] 后来在接受亚历山大·瓦西里耶夫的采访时，阿拉作了这样的一段描述："我的一个法国朋友决定到迪奥时装屋参加备用模特的选拔，并要我陪她一起去。当我在大厅里等她时，我注意到穿衣室的帘子不时地打开，有好奇的目光从头到脚地打量着我。最后，我厌倦了这些目光，而且也等烦了，因此决定上楼去找我那个没了影的朋友。这时，一位女士告诉我，克里斯汀·迪奥非常想见我。我很不情愿地同意上去看看。他们把我带进穿衣室里，很快地脱下我的连衣裙，将我的头发啪地一下梳到一侧，在我的嘴上涂上了口红，让我穿上一条新连衣裙和一双非常不舒服的细高跟鞋，然后把我引到楼下。在楼下，我看到了

---

[1] Christian Dior. Christian Dior et moi. Paris, Vuibert, 2017, P. 32.

[2] 同上，第163页。

@Philippe Pottier　1952 年，阿拉·伊里春

一群身着白大褂的'油漆工'在努力工作。好吧,我想,他们把我打扮得像只猴子,然后把我带到了一堆'油漆工'工作的地方。一切发生得很快,我都没来得及搞明白到底哪一位是迪奥先生。然后那个女士告诉我:'小姐,你被雇用了。'但我已经顺利通过了巴黎丽都(巴黎著名的歌舞秀)的选拔,况且我都还没见过迪奥先生呢!那位女士笑着说,迪奥先生就在这些'油漆工'间,就是手里拿着小棍儿的那位。"①

也许阿拉真的考虑过自己在丽都开启职业生涯。《芝加哥论坛报》上的一则小文章提到,她参加了这个传奇卡巴莱餐馆的内衣时装T台秀,展示了一套带有装饰性面纱的优雅睡衣。②

最终,在她母亲的建议下,阿拉还是选择加入迪奥。从1947年起,她在迪奥工作了很多年,首先和克里斯汀·迪奥合作,到后来的伊夫·圣罗兰,和最后的马克·博汉,她笑称自己这是在"三个王国"工作过了。③

阿拉始终非常注意自己的身材。在她的整个模特生涯中,甚至在她怀孕后,她的腰围都不超过49厘米。在迪奥工作期间,她的身材

---

① 亚历山大·瓦西里耶夫.《时尚和风格草稿》,莫斯科,Alpina Non-Fiction 出版社,2011年,第280-281页。
② Chicago Tribune, 1948.11.21.
③ 亚历山大·瓦西里耶夫。同上。

阿拉穿着方领羊毛连衣裙,戴着宽边草帽和手套
1956 年,巴黎
Hulton Deutsch 收藏 / 图片源于 Getty Images

几乎没有过变化：臀围 89 厘米，胸围 91.5 厘米，体重 46 公斤。[1]

  阿拉的身材使她成为迪奥时装屋一位不可或缺的模特。1955 年《利物浦回声报》上的一篇文章提到了阿拉缺席走秀的事（可能是因为她那时候怀孕了）："阿拉，华丽的阿拉，被同事们称为东方明珠的阿拉，本周不在我们身边。穿了一整个月的深领口连衣裙后她开始发烧，现在在卧床休息，以便早日康复。她怎么会错过开幕之夜以及随后的首秀呢？她的腰围只有 45.7 厘米——她简直是一位独一无二的时装模特。"[2]

  在跟迪奥合作的七年里，阿拉几乎没有漏掉任何新系列的走秀。她怀孕时只休息了很短一段时间，随后几乎是立刻就回到了 T 台上。值得一提的是，她当时五个月大的儿子也当过儿童冬装模特，在母亲的怀里挣了自己的第一个 40 美元。

  儿子出生后阿拉几乎立即就回去上班了，甚至为她的儿子找到了一份合适的工作。小孩子只需在适当的时候对摄影师微笑，就赚到了他自己的第一笔收入。阿拉觉得他长得像马龙·白兰度。甚至阿拉的宠物狗也在《时尚芭莎》当模特，赚了 10 美元，是阿拉的丈夫给它照的相。"就这样，我们全家都有了工作。"阿拉在 1957 年接受

---

[1] Chicago Tribune, 1950. 3. 14.; Aberdeen Evening Express, 1959. 3. 4.

[2] Liverpool Echo, 1955. 9. 29.

@Marie France
Flèche d'or 连衣裙，迪奥，1956 年

@Keystone Press

阿拉·伊里春，1960 年，Paris Fashion

《洛杉矶时报》的采访时回忆道。①

我们还可以在法国《世界报》上找到有关她儿子跟着她一起登上 T 台的另一个记载。这也是法国媒体对阿拉罕见的几次提及之一。她的同事指出："阿拉，这位迪奥客户最爱的名模，最近在早餐时展示了她的一个'创意'。她怀抱自己五个月大的儿子马克，他们俩展示了能使身体冬暖夏凉的多功能 Airflatt 系列恒温服装。阿拉穿着由亨利·米歇尔设计的饰有缎子和貂皮的冬大衣，她儿子马克穿着由海伦·范纳设计的白缎婴儿连体睡衣。阿拉爱不释手的那条名叫巴吉的狗也穿着防寒斗篷。"②

阿拉参加时装秀时，她的狗巴吉经常在试衣间等她。维多利亚·杜特勒在回忆录中回想起这条德国拳师犬。罗伯特·卡帕在花神咖啡馆里拍的阿拉的一张照片上，可以看到巴吉。

阿拉不仅拥有理想的身材，还具有特殊的光环和魅力。许多认识阿拉的人都注意到她成功地扮演了自己的每一个角色。克里斯汀·迪奥强调："一个伟大且总是有些神秘的时装模特，必须创造一种'存在效应'。我雇用阿拉就是因为她这种无与伦比的'存在效应'。她是一位罕见的天才模特。从工作之初，她就展示了众多服装，有时甚

---

① Dior Creations. Los Angeles Times, 1957.4.4.
② Hetty Baumgard. Le plus jeune «cover-boy» parisien. Le Monde, 1957.1.24.

阿拉·伊里春
巴黎市政府档案

034.

**阿拉·伊里春**
乔治·萨德摄影作品,1951 年

至是系列中最好的服装。她走秀时往往保持着冷静和超脱的状态。"①

朋友和同事称阿拉为"神秘的女人"和"优雅的女人",她自己也一直保持着这种神秘的形象。维多利亚·杜特勒在回忆录中描述了阿拉美丽和优雅的一面:"她穿着淡蓝色的丝绸连衣裙,打着一条黑色腰带,看起来非常优雅。她的手腕上挂着好多带吊坠的手镯,一条围巾优雅地系在她的脖子上,很像俄罗斯农妇的风格。她把浓密的黑发梳成两条长长的辫子。我很欣赏她的美丽与优雅。"②

克里斯汀·迪奥相信模特是天生的,是学不会的。他对时装模特有一种特殊的见解:"每个时装屋都应该有适合各种不同类型女性的服装,这是体现我们对顾客态度的一个理想的象征因素。必须保证所有不同身材的人都有所展现:身材高大的、中等个子的、身材娇小的,黑发的和金发的,青年人和中年人。"12 位模特中的每一位都代表一种理想的女性类型。尽管类型众多,但这些模特都以一种风格团结在一起,属于同一个"家族",即她们工作的时装屋。

迪奥时装屋的所有时装模特都各具特点,她们都有自己独特的一面:"半俄罗斯血统的阿拉总是很神秘,甚至有些自大;玛丽·泰蕾丝和拉基能将任何场合都变成戏剧表演;而克莱尔的美则能完美地将人们关注的焦点集中在每场时装秀最后的婚纱上;丽雅的丰满胸围对

---

[1] Christian Dior. Christian Dior et moi. Paris, Vuibert, 2017, P. 163.

[2] Victoire Doutreleau. Et Dior créa Victoire. Paris, Editions Robert Laffont, 1997, P. 43.

欧仁·卡门曼拍摄
1956年，迪奥父亲般的吻

展示服装来说再合适不过；而勒内一直是克里斯汀·迪奥最喜欢的模特。"① 所有的模特都各不相同——有高挑的、娇小的、年轻的和年纪大一点的，客户可以在这些不同类型的模特身上找到自己的影子。

战后年代，欧洲的种族主义倾向仍然很强，高级时装界仍然很保守。随着 1947 年阿拉的到来，迪奥时装屋发生了一场真正的风尚革命。克里斯汀·迪奥是第一个雇用亚洲时装模特的时装大师，"尽管这一选择引起了不少争议，但他还是表现出了极出众的智慧和远见卓

---

① Natasha Fraser-Cavassoni. Monsieur Dior. Il était une fois… New York, Pointed Leaf Press, 2014, P. 166.

迪奥 1947—1948 年秋冬系列
阿拉·伊里春（右）
@Georges Saad

识"[1]。克里斯汀·迪奥这样向他倍感惊讶的同行们说明了他这个选择的理由："在亚洲模特身上展现西方女性的服装与服饰的确是一种挑战。阿拉虽然有一半的俄罗斯血统，但是她身上体现着东方所特有的神秘美。她的身材完全是欧洲女人的身材，任何客户如果选择买一件她所展示的服装，也是不会失望的。"[2] 克里斯汀·迪奥的选择可以称为真正的革命性的选择。他是一位出色的战略家，预见到了高风险可能带来的巨大成功。

---

[1] Natasha Fraser-Cavassoni. Monsieur Dior. Il était une fois… New York, Pointed Leaf Press, 2014, P. 166.

[2] Christian Dior. Christian Dior et moi. Paris, Vuibert, 2017, P. 163.

迪奥1951年春夏系列
阿拉·伊里春（右）

后来，其他亚洲模特也出现在了法国时装秀上。皮尔·卡丹将日本美女松本裕子和柬埔寨的莫姆·石磊·妮姆介绍给全世界。其他时装设计师也延续着这种趋势，从亚洲特色中找寻灵感。东方美女也深受摄影师的喜爱，例如摄影大师理查德·艾维登选用了中葡混血儿希纳·马沙多，她后来成为纪梵希的模特。但是，克里斯汀·迪奥是带动这一趋势的鼻祖。阿拉创造了新的女性气质的标准，迪奥先生这样反驳那些批判的声音："她拥有贵族的气质，就像一个公主。你从她的一个低头的动作中都能看见她的高雅气质。她了解自己给人的印象，也知道在走秀方面迪奥先生给她很大的自由空间，尽管受到贬损,她还是享有公众的关注。"阿拉当时真的收到了很多贬低和指责的声音。尽管如此,她和迪奥先生还是取得了成功。他们是一对完美的合作伙伴。①

从阿拉的魅力、异域风情的外表和精致的身材中,迪奥意识到,用不同类型的模特展示自己的服装,可以吸引来自世界各国的新客户。阿拉在自己的生活中接触过许多不同的文化,因此她完全理解时装品牌雇用亚洲模特的这一策略。在1959年一家英国报纸的采访中,她谈到了这个话题。该报记者将阿拉描述为一名长着杏仁眼睛、有着精致之美的最佳巴黎模特。阿拉无论是身着受东方美学启发而设计的服装,还是穿着欧洲风格的花呢套装和夏装连衣裙,都同样出彩。②该报指出,尽管来自异国,但阿拉在T台上走秀的样子就像一个真正的巴黎姑娘。

时装历史学家亚历山大·瓦西里耶夫还强调了阿拉职业生涯的独特性——在阿拉走上欧洲的T台之前,欧亚模特从未在西方国家时装界工作过,她是第一个。她上挑的眼形不仅受到赞叹,还有好多人试图去模仿她。正是因为阿拉·伊里春,1950年起欧洲开始流行箭头式上挑眼线。

阿拉在媒体上的任何一次出现都伴随着赞美之词。让·诺埃

---

① 让·诺埃尔·利奥接受古纳拉·扎哈罗娃的采访,2019年3月7日。
② The Birmingham Post, 1959.3.5.

@Thurston Hopkins
克里斯汀·迪奥在时装秀前为阿拉整理衣服
苏格兰，1955年5月21日

尔·利奥证实，阿拉以其杏仁眼和独特的化妆方式，创立了美丽的新标准。那时候，所有女人都想买这样的化妆品，都希望拥有她那样的高颧骨。有关这一现象的文章在杂志上纷纷发表，得到了那个时代所有法国、英国女性的认可，人们也终于发现了这种全新的、前所未见的、另类的美。①

迪奥为自己的服装系列买了价值6万英镑的保险，并从巴黎带去了172件礼服（每件价值300英镑）。有8名时装模特以及负责为法瑞交换协会筹集资金的3名经理和3名助手与他一同从巴黎到苏格兰

---

① 让·诺埃尔·利奥接受古纳拉·扎哈罗娃的采访，2019年3月7日。

去。在格拉斯哥和格伦伊格尔斯举办的走秀取得了巨大的成功，筹集到了 4000 英镑。

  从阿拉的职业生涯一开始，她就经常展示系列中最好的服装。许多电影明星和剧场艺人都是迪奥服装的客户。那些著名客户包括劳伦·巴考尔、艾娃·加德纳、丽塔·海华丝、珍·罗素、玛丽亚·卡拉斯、芭芭拉·斯坦威克、英格丽·褒曼、吉娜·劳洛勃丽吉达和索

玛琳·黛德丽在欣赏阿拉的美，British Pathé 摄影，1949 年

042.

"JUNON"

dessiné par Monsieur Dior et photographié sur le mannequin Alla. Une grande robe du soir déclinant la couleur bleue, du turquoise au saphir, avec des broderies de chez Rébé.
Automne - Hiver 1949

穿着著名连衣裙 Junon 的阿拉·伊里春，1949 年 Willy Maywald 摄影
@Association Willy Maywald / Adagp, Paris

穿着著名连衣裙 Junon 的阿拉·伊里春，
1949 年 Willy Maywald 摄影
@Association Willy Maywald / Adagp, Paris

菲亚·罗兰。格蕾丝·凯利在与摩纳哥亲王雷尼尔三世举行订婚典礼时选择了迪奥的礼服，而约瑟芬·贝克则穿着迪奥礼服演出。玛丽莲·梦露有双专为电影《王子与舞女》制作的迪奥鞋，朱迪·加兰为其女儿莉莎·明尼里买过迪奥的帽子。玛格丽特公主和女演员伊丽莎白·泰勒选择的则是阿拉展示过的连衣裙。[①] 阿拉为玛琳·黛德丽——

---

① Kate Betts.American Dior. Assouline, 2010, P. 17-18.

Willy Rizzo@archives Paris Match
巴黎特罗卡德罗宫 1950 年冬季系列时装秀

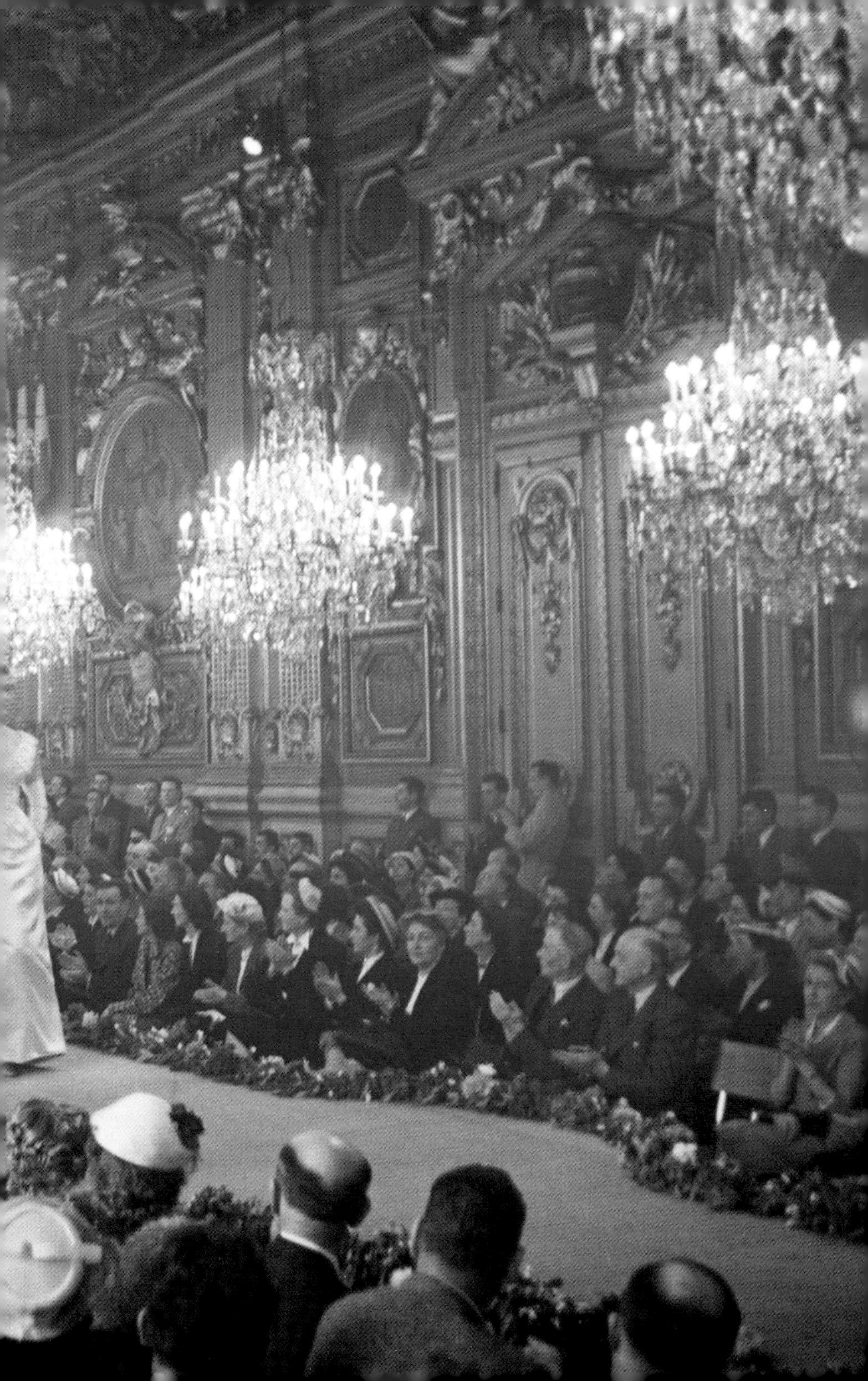

迪奥的最忠实客户之———走过秀。档案馆保存了阿拉这段私人走秀视频，从视频中我们能看到玛琳·黛德丽对阿拉身上的裙子赞叹的样子。①

1948年，阿拉穿着迪奥的传奇连衣裙 Junon 走秀。这件裙子是与另一条由塔妮娅·库兹涅措芙展示的晚礼服 Venus 一同展出的。

Junon 是一件饰有蓝色亮片的长款蓝灰色薄纱晚礼服，宽裙摆由绣有薄纱的重叠花瓣制成，属于1949年秋冬高定 Milieu du scièdle 系列。"迪奥先生把这件蓬松而立体的连衣裙归于20世纪中叶。这位在20世纪50年代预见到光明未来的女装设计师，把20世纪划分世纪上下两个半叶。Junon 是他令人印象深刻的、辉煌的杰作之一。"

阿拉不仅为克里斯汀·迪奥的服装创作提供了无尽灵感，同时也是他珠宝创作的不竭灵感之源。因此，1954年，迪奥创作了一套美丽绝伦的钻石项链、手链和耳环，他将其命名为阿拉——无疑，这是为了纪念他的这位东方缪斯。②

阿拉的知名度越来越高，她经常受邀参加迪奥的新闻发布会，随同旅行和出席盛宴。她还受到了意大利的比基、舒伯特、艾琳·加利茨等时装公司③以及一些大型化妆品品牌如仙凝公司的关注，阿拉还

---

① Marlene Dietrich in Paris. British Pathé, 1949.
② Birmingham Post, 1954. 10. 5.
③ 据让·诺埃尔·利奥说，在瓦伦蒂诺、早在比基和舒伯特以迷人的作品闻名之前，阿拉就因在威尼斯大运河宫殿里走过秀而成为明星了。

亚洲著名化妆品品牌仙凝的广告中的阿拉
*VOGUE*，1952 年 10 月

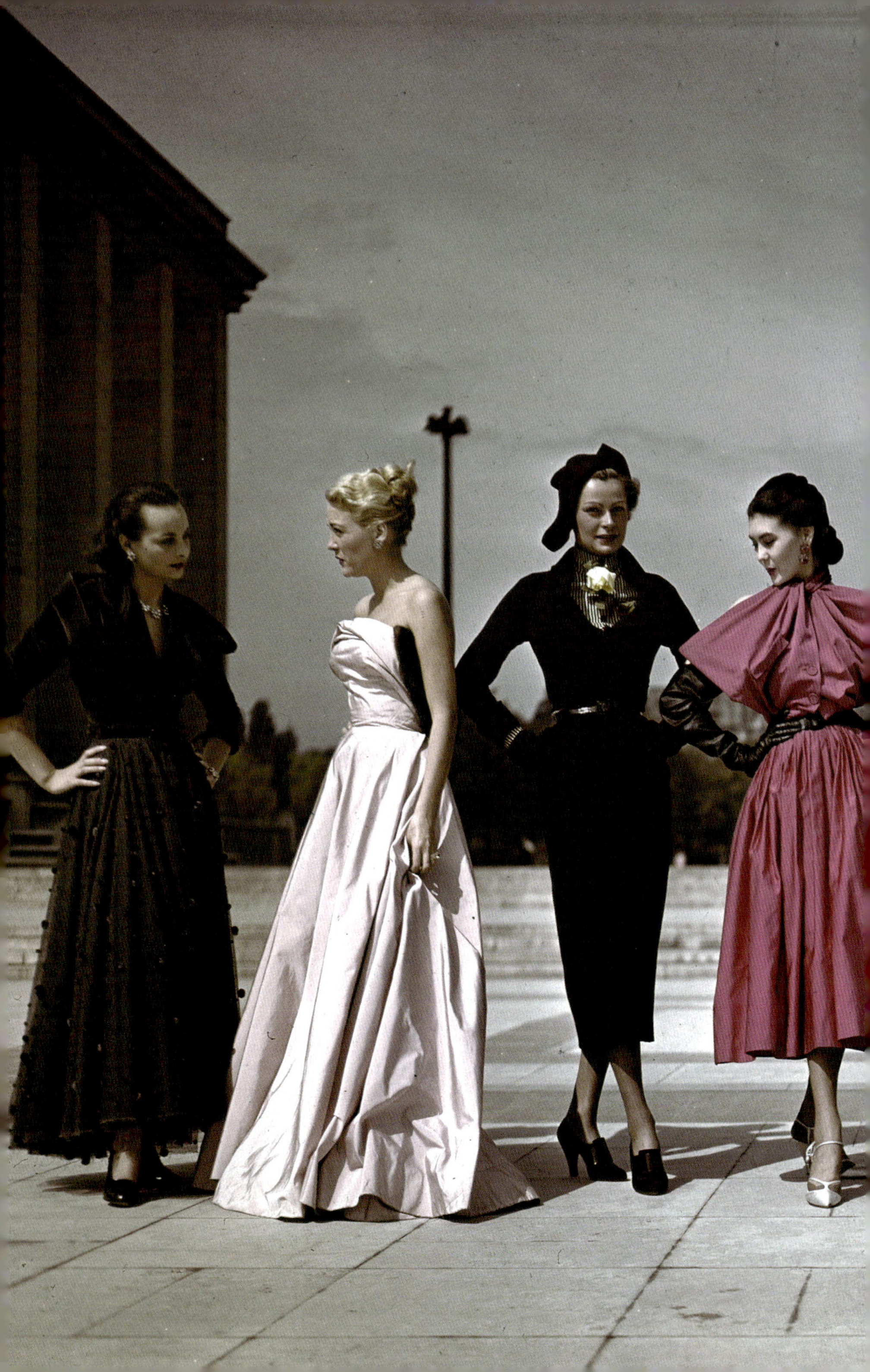

@Willy Rizzo @Paris Match
巴黎特罗卡德罗宫
1950年冬季系列时装秀

成为仙凝的平面模特。在她的整个模特生涯中，她还走过威尼斯和佛罗伦萨其他时装屋的秀场，但不管怎么说迪奥都始终是她的"家"。

阿拉为许多插画家（包括著名插画家埃里克）和摄影师当过模特。这些摄影师包括路易斯·达尔·沃尔夫、哈里·梅森、罗伯特·卡帕、威利·梅沃尔德、理查德·艾维登、迈克·德·杜尔门（她后来的丈夫）、马克·肖等。在我们对她生活的研究过程中，我们从各位摄影师手中收集了大量她的照片。

尽管迪奥采取了成功的策略，但高级时装界的激烈竞争却一直存在。20世纪50年代，迪奥在法国的竞争对手包括以下老牌时装品牌：卡纷、德赛、浪凡、皮盖、帕坎、罗莎、海姆、巴尔曼、夏帕瑞丽和菲斯。在如此激烈的竞争氛围中，阿拉以她独有的异域之美成为迪奥的"王牌"。通过比较不同时尚杂志对阿拉的评价，我们对这一点深信不疑。[1] 根据时尚历史学家让·诺埃尔·利奥的说法，阿拉的美丽"不仅体现在外表上，还在于从她行为中体现的她的内心世界。她总是乐于接受冒险"。这就是克里斯汀·迪奥称她为"福星"并将一切惊人成就归功于她的原因。[2]

---

[1] Paris Match, 1950.3.10.

[2] 让·诺埃尔·利奥接受古纳拉·扎哈罗娃的采访，2019年3月7日。

051.

Popperfoto,迪奥的模特们,1950 年
@Getty Images

## 阿拉 ——伟大时尚设计师的灵感之源

克里斯汀·迪奥于 1957 年因心脏病发作去世，这对时装屋的所有模特都是沉重的打击。迪奥先生对他的模特总是很友善、很用心，并像父亲一样爱护着她们。他对阿拉格外关注，对阿拉来说他就像自己的第二个父亲一样，阿拉本人也总会引起他的注意。弗雷德里克·米特朗指出，阿拉"是第一位亚洲时装模特"。假如她当初选择做一名女演员，她会成为像埃迪·康斯坦丁在电影中扮演的蛇蝎美人那样的形象，但是阿拉的生涯最终与克里斯汀·迪奥交织在一起。迪奥先生的去世，就像罗伯特·卡帕的悲剧性离去一样，对她来说是一个沉重的打击。①

---

① 纪录片《克里斯汀·迪奥与法国》，弗雷德里克·密特朗，2018 年。

2017年，前迪奥模特斯维特拉娜·劳埃德在接受《时尚风格》（*Pop Fashion Style*）的采访时，这样描绘迪奥死后的那段时光："我们都收到了黑色的外套，时装屋闭店，但我们每天都必须上班。圣罗兰先生与某些模特是同龄人……公司管理层告知我们，我们应该称他为'先生'，因为他从星期一开始将接任迪奥先生的职务。在克里斯汀·迪奥去世之前，伊夫·圣罗兰已经参与了许多个系列的创作，但

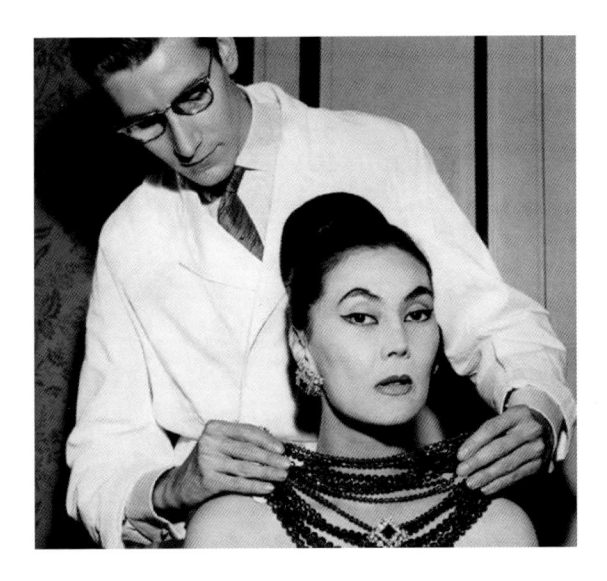

阿拉和伊夫·圣罗兰在迪奥时装屋
1960年1月20日
巴西国家档案馆

他从未被允许以自己的名字署名。"①

伊夫·圣罗兰从1955年开始在迪奥时装屋担任时装设计师。克里斯汀·迪奥对这位年轻的工作人员印象深刻，很快就任命他为助手，他也就参与到服装制作中来。这位年轻的时装设计师在1957年的系列中展现出的才华让迪奥先生赞叹不已，于是迪奥决定向媒体展示圣罗兰的画稿，这些画稿也成为该系列的一部分。但是因为迪奥突然离世，他最终没能将这些设计展示出来。②

迪奥时装屋"权力更替"的消息刊登在所有报纸的头版，而伊夫·圣罗兰作为新的创意总监，他的一举一动都受到密切关注。因他"永远苍白又羞涩的学生"形象，记者称他为"羞涩国王"。③他于1958年在布伦海姆宫展示了他的第一套海外系列，当时玛格丽特公主也在场，玛格丽特公主称其"确实绝美"。④对于伊夫·圣罗兰来说，能得到迪奥模特团队原班人马的支持很重要，其中包括玛格丽特公主已经认识的阿拉。和许多其他时装模特一样，阿拉在伊夫·圣罗兰的指导下，以其缪斯和模特的双重身份继续在迪奥工作。

1957年至1960年间，伊夫·圣罗兰设计了迪奥的几个传奇系

---

① Inside the House of Dior-A Model's Memories. Pop Fashion Style, 29.08.2017. https://www.youtube.com/watch?v=islPhtmqOeA

② 同上。

③ Paris Presse L'Intransigeant, 12.11.1958 ; Paris Presse L'Intransigeant, 14.11.1958.

④ Radar, 21.11.1958.

@Sabine Weiss 迪奥时装屋的模特们，1958 年，Sabine Weiss 摄影

列，包括 Short Look、Youth Look 和 Beat Look，这些系列的风格离经典的迪奥风格越来越远。1959 年，阿拉大胆地展示了圣罗兰的 Short Look 系列［来自英文中的"短"这个词，类似于克里斯汀·迪奥的著名系列 New Look（新风貌）］。阿拉穿着一条超短裙走上了 T 台——并非所有的模特都敢这么做。

对阿拉来说，展示深领的连衣裙从来就不成问题。1957 年在美国《拉伯克雪崩日报》上刊登的一次采访中，阿拉承认："我甚至没有注意到，当他们看着我的时候，女人不由自主地调整自己的姿势，男人吹着口哨。"[1] 在采访中记者提到阿拉服装的暴露，并将她与当时好莱坞最耀眼的明星玛丽莲·梦露进行对比。采访阿拉的记者还说，阿拉穿较为暴露的服装时，有着难以置信的自信。阿拉证实说："我们所有的服装都缝得很紧，领口始终完美贴合肩膀，或者将紧身衣直接缝在连衣裙上。要是想让连衣裙从我身上掉下去，露出我的身体，估计我得做杂技特技才行。"[2]

1961 年，迪奥推出了风格较为大胆的新系列服装，在这个系列的时装秀上，当阿拉在 T 台上脱掉外套时，她的连衣裙从胸部悄然滑落，但她继续从容不迫地走秀，还获得了观众的热烈掌声。[3] 类似

---

[1] Lubbock Avalanche-Journal, 29.09.1957.

[2] 同上。

[3] Daily Mirror, 28.07.1961.

的失误在迪奥在世时也发生过。当阿拉展示她最喜欢的由红色绉绸制成的晚礼服马克西姆（Maxim's）时，由于领口太深，以至于克里斯汀·迪奥不得不在领口别上一朵红色的玫瑰。[①] 在1957年10月25日澳大利亚《邮政快报》里一篇关于克里斯汀·迪奥职业生涯的文章中，我们可以看到阿拉身着1957年系列深领连衣裙的照片。

伊夫·圣罗兰离开迪奥后，于1961年决定与皮埃尔·伯格一同创立自己的时装屋。1962年1月是他新品牌的第一次走秀，当时阿拉也在场。她是信任伊夫·圣罗兰并在其创立新品牌时跟随他走秀的模特之一。跟着伊夫·圣罗兰离开迪奥的不仅有模特，还有裁缝师，包括几位首席裁缝，比如安妮·玛丽·穆诺兹。

离开迪奥时装屋后不久，阿拉的朋友兼前同事维多利亚·杜特勒（和阿拉同为伊夫·圣罗兰时装屋的"头牌模特"）就邀请阿拉参加了几场时装秀。有一段时间，阿拉在马克·博汉的领导下，在迪奥时装屋和伊夫·圣罗兰时装屋同时工作。

从迪奥时期和1962年伊夫·圣罗兰的第一个系列中，就可以看出伊夫·圣罗兰对亚洲情调的兴趣。他从书籍、自己的绘画收藏、装饰艺术中，以及从印度、中国和日本的传统服装中，汲取了灵感。亚洲在他一生中一直发挥着重要的作用。1963年，他与皮埃尔·伯格一起前往日本，并在那里展示了他的春夏系列。

---

① Lubbock Avalanche-Journal, 29.09.1957

古尔纳拉·诺伊曼作品
（Gyulnara Neumann，意大利）

　　阿拉也和他一起去了——这是她与克里斯汀·迪奥一起到日本旅行后第二次访日。伊夫·圣罗兰一直受到以皮草衣和鞋子为代表的亚洲草原风格的启发，这是一种非典型的风格。他选择阿拉并非是偶然。伊夫·圣罗兰是最早一批受到这种不寻常的美、不一样面孔和肤色启发的服装设计师之一。他很早就在选择时装模特时采用这种方法。阿拉以其独特而神秘的面孔和独一无二的美貌，实现了与这一风格完美的契合。在伊夫·圣罗兰的手稿中，甚至早在迪奥时期，就可以看到阿拉的形象，比如她那双灵动的眼睛。

　　从草图上可以看出他专门为阿拉设计了一些服装。阿拉身上有伊夫·圣罗兰想要的非典型的美，阿拉从圣罗兰品牌创立之初就象征着这种美。例如，在1963年的一场时装秀中，阿拉展示了一个系列中的25套服装，而这个系列有132套服装。也就是说，伊夫·圣罗兰决定将时装秀中五分之一的作品交由她展示。①

伊夫·圣罗兰将其受到的日本文化的影响，"通过富有想象力的艺术性的花纹、形状、面料、帽子和配饰"②，在某些系列中表现出来，有时还与其他亚洲风情融合在一起。1962年秋冬系列的模特发型让人联想到日本版画的风格——著名的发型大师亚历山大专门为该系列制作了假高发髻。这种趋势在20世纪60年代初的迪奥时期就已经可见一斑，例如阿拉喜欢将浓密长发塞进有体积感的发髻中。《纽约时报》强调说，阿拉与她的模特同事不同的是，她可以在不使用假发的情况下就做出这种发型。

---

① 伊夫·圣罗兰博物馆收藏总监助理萝拉·弗尼尔接受卡里加什·阿比耶娃的采访，2019年4月9日。
② Aurélie Samuel. Collectif. L'Asie rêvée d'Yves Saint Laurent. Paris, Gallimard, 2018. P. 190.

## 模特生涯

如今许多女孩儿渴望成为时装模特，这是女孩儿们梦想的有着光明未来的一种职业。但是时装模特的地位因时代不同发生过很大的变化。

从历史角度看，英国裔法国时装设计师查尔斯·弗雷德里克·沃思被视为世界时尚的奠基人之一。他想到让妻子玛丽穿上自己的作品进行展示，与此同时，他就发明了"模特"这个职业。巴黎各个时装屋迅速跟上了这一趋势。有趣的是，在此之前法国设计师曾使用一种特殊的"巴黎人偶"——这些微型雕像被设计师的新品打扮之后，被送到欧洲宫廷里，以便顾客对这些新服装进行评估并下订单。这些"巴黎人偶"是由玛丽·安托瓦内特的制帽人罗莎·贝丁发明的。

在 20 世纪中叶，当模特这一行业获得官方地位时，模特分为两种类型：封面女郎——出现在 *VOGUE*、《时尚芭莎》、*ELLE* 等时尚杂志封面上的模特，和在时装屋展示新系列的模特——展示模特。阿拉是一个展示模特，也是经常出差旅行的精英模特之一。阿拉会说多种语言，并且知道如何与公众和媒体进行交流，尤其是如何与发表许多关于迪奥时装屋的文章的英美杂志交流。阿拉是迪奥黄金时代的

@Loomis Dean/The LIFE Picture Collection via Getty Images

象征。当时高级定制时装非常昂贵，受众群已经不是普通大众了。为了吸引上流社会之外的新客户，封面女郎的概念反其道而行之，使时尚"民主化"。那时候由"封面模特"塑造的受广大读者青睐的女孩儿形象开始成为时尚趋势，大家购买她们穿的衣服，模仿她们的穿衣风格。

展示模特的工作也包括到时装屋之后待在一个作为她们的更衣室和化妆室的"小房间"里。在这里，她们在助手的帮助下化妆、做发型并换上要展示的衣服。那时，模特身边还没有完备的造型师团队。阿拉和她的同事西尔维说，多年的时装模特工作使她们学会了如何在短短几分钟内化好妆并做好发型。《芝加哥论坛报》解释说："她们在走秀之前就自己梳理头发和化妆，一切都在几分钟之内完成。"[1]该报纸还提到，她们唯一奢侈的要求就是每周一次的指甲修理和足部按摩。要知道模特们通常不得不穿着不舒服的高跟鞋，一站就是几个小时。

模特的工作时间表全年都在变化。每年两次的新系列发布：春夏系列和秋冬系列，一个系列的准备工作结束后，模特们为期两周的忙碌工作便开始了。早上她们忙于为时装屋或杂志拍摄照片，下午忙着走秀——有时一天两场走秀。女孩们经常使用"替身模特"向个别客户展示新系列。两周的辛苦工作结束后，这些模特每天下午三点要

---

[1] Chicago Tribune, 08.04.1957.

到时装屋参加私人走秀。这种工作节奏一直要持续到下一个系列的发布，当然不包括暑假和冬季的滑雪假期。[1]

从早上十点到晚上八点甚至到晚上十点，有时直到凌晨，根据工作量的不同，模特们会在时装屋推出新系列前的狂热旋风中忙碌起来。她们几乎没有时间去食堂吃午餐。"这些看似脆弱的女人有着难以置信的耐力，她们从不屈服于疲劳。"克里斯汀·迪奥在回忆录中回忆道。即使模特工作到很晚，第二天她们"昨天的倦容魔术般地一扫而光。我们都以为她们有什么秘诀呢，只需几个小时，她们就能重新调动起体内的每一个细胞，组合出王后一般的美艳气度"。她们无可挑剔地、忘我地工作。对她们来说最重要的是"美上加美……为了她们的高级定制裙"。

在那个时代，时装模特是一个需要"说话"的职业。模特们必须用几种外语向客户介绍她们所展示的系列，介绍的内容包括面料的特征、剪裁和表面处理等。"这就是从小会讲三种语言的阿拉在时尚界大受欢迎的原因，而最重要的是她的举止……"[2] 亚历山大·瓦西里耶夫说。克里斯汀·迪奥高度评价阿拉的语言能力，并回忆说她会讲的几门语言都没有任何口音，"就好像她的婴儿时代是在世界上所有地

---

[1] Christian Dior. Christian Dior et moi. Paris, Vuibert, 2017. P. 165-167.

[2] 同上。

Archivio Cameraphoto Epoche / Hulton Archive
阿拉·伊里春，1951 年
@Getty Images

方同时度过的一样"①。

　　克里斯汀·迪奥非常照顾自己的模特，并把她们称为"宝贝"。迪奥时装屋的总裁缝和女推销员甚至认为他过于宠溺她们，并给她们以过高的工资。但是他坚决地回答道："我的模特儿们，她们是我高级定制裙的生命所在，我想让她们一生幸福。"② 据说迪奥是唯一一位为加班支付额外费用的设计师，模特们也非常依赖他。③ 迪奥认为

---

① Christian Dior. Christian Dior et moi. Paris, Vuibert，P163.
② 同上，第 168 页。
③ Inside the House of Dior-A Model's Memories. Pop Fashion Style, 29. 08. 2017. https://www.youtube.com/watch?v=islPhtmqOeA

模特和时装屋的总裁缝是他最宝贵的员工。我们不能小看她们的贡献——毕竟她们负责时装屋最美丽的服装的展示工作。许多时装模特都记得克里斯汀·迪奥的"父爱"。斯维特拉娜·劳埃德将他描述为一个镇定、声音沉静并且照顾他的"女孩子们"的人，他不想让她们太过疲倦或过于劳累。① 奥迪尔·克恩承认迪奥先生是很细心的，是一位真正的绅士，她像爱父亲一样爱他，并愿意为他付出一切。②

新系列的展示通常会持续大约 3 个小时，随后是媒体的采访和拍摄，因此模特们不仅要与公众交流，还要连续站 5 个小时甚至更久。例如 1954 年在布伦海姆宫举行的时装秀持续了 3 个小时，这还不包括彩排。③ 每个模特至少要展示 7 套服装。《澳大利亚妇女周刊》写道："8 名模特在秀场上走了 3 英里半（约 5 公里）的距离，展示了整套系列共 112 条连衣裙。"④ 1950 年伦敦的一场时装秀上，8 位模特展示了 90 条连衣裙，而"迪奥最爱"的阿拉⑤至少登台 10 次。她后来向记者承认，她永远都没法节食，因为她的工作需要消耗大量的精力。她总是在吃自己想吃的东西的同时设法保持理想身材。⑥

---

① Inside the House of Dior-A Model's Memories. Pop Fashion Style, 29.08.2017. https://www.youtube.com/watch?v=islPhtmqOeA

② The House of Dior. Odile on Modelling for Dior, NGV Melbourne, 15.10.2017. https://www.youtube.com/watch?v=geRhvcK 6W-0&t= 6s

③ Chicago Tribune, 04.11.1954.

④ Australian Women's Weekly, 17.11.1954.

⑤ The Sunday Sun Women, 30.04.1950. P. 35.

⑥ Coventry Evening Telegraph, 22.08.1959.

美国媒体对阿拉走秀时的每一个神态细节都给予关注,并经常报道她有多累。有的文章描写她是多么疲惫不堪地坐在椅子上,而有的文章则指出她更换那些复杂的服装到底有多困难。有一次,她口渴得不行,下T台后一口气喝了三杯冷掉的茶。[①] 有时她无法控制自己的情绪,她通常傲慢又不顾一切。据一份美国日报报道,在1957年的一次走秀中,她流着眼泪走上了T台。[②] 目前尚不清楚她是为什么而流泪——是因为劳累、个人生活中的问题抑或只是为了配合身上的礼服而在完美地扮演着自己的角色。

20世纪20年代和30年代,模特行业的声誉很差。而在战后时期,模特成为人们梦寐以求的职业。道德革命与女权主义强调了女性摆脱对男性的依赖,以及女性独立的重要性。因此,正如让·诺埃尔·利奥所强调的那样,"像阿拉这样自己挣钱、独立、有事业……的女性十分让人钦佩"[③]。

时装模特的职业往往被各种无稽之谈和偏见所包围,因此媒体对迪奥模特出国旅行的关注点只落在她们特殊的地位和奢华的生活方式上。《巴黎日报》幽默地提到,这些模特被自己得到的崇高待遇所宠坏。1956年,当一辆大巴来接她们去布伦海姆宫走秀时,她们震惊

---

[①] Sydney Sun Herald, 07.11.1954; Newsday, 30.07.1959; Coventry Evening Telegraph, 22.08.1959.
[②] Los Angeles Times, 02.08.1957.
[③] 让·诺埃尔·利奥接受古纳拉·扎哈罗娃的采访,2019年3月7日。

阿拉·伊里春，1949 年
哈里·梅森拍摄

极了。①模特们在旅行时确实想要什么就有什么。她们乘坐提供香槟和鱼子酱的法航私人飞机②，住高级酒店，有时甚至在秀场外也穿迪奥服装。③尽管类似的传说很多，但实际上那个年代时装模特的日常生活并不那么奢华。克里斯汀·迪奥在回忆录中说，时装模特的生活根本不像媒体报道的那样如童话一般。"有的人认为模特儿都是挽着身穿毛皮大衣等候在定制公司门廊下的男士的手臂，因为怕冷而急急忙忙钻进金色的汽车，驶向同样金色的前程。而今，等候她们的只有她们的丈夫，还时常因为她们的姗姗来迟而嘟囔。说真的，她们当中的大部分都是独来独往、行色匆匆的，她们一下班就会跳上出租车或者地铁，直奔家门。只有最幸运的人才能像中产阶级一样开上西姆卡。"④

有时模特们需要给自己编出一套人生经历来。一旦模特被时装设计师选中，她们就必须能体现出理想化的美。"她们得到新的名字或昵称（如柳德），或者响亮而不凡的名字（如柳基或普拉琳），或异国情调的名字（如蒂娜扎达）"⑤，她们得做到仅凭这些名字就能吸引

---

① Paris Presse L'Intransigeant, 12.11.1958.
② Paris Match, № 145, 27.12.1951.
③ The House of Dior. Odile on Modelling for Dior. NGV Melbourne, 15.10.2017.
  https://www.youtube.com/watch?v=geRhvcK 6W-0&t=6s
④ Christian Dior. Christian Dior et moi. Paris, Vuibert, 2017. P. 158.
⑤ 娜塔莉·赫希多夫《摄影与时尚——孔德纳斯特一百年》瓦莱里亚·萨莫什基纳译，莫斯科，艺术出版——XXI，2013年，第143页。

069.

阿拉，1949 年
@Clarence Sinclair-Bull

@Bettmann/Getty Images
1949 年，阿拉在巴黎

客户，并唤起与高级时装界这个神秘而令人兴奋的世界的联系。在模特给自己起了新名字之后，她们神秘的经历和具有外国血统的新的人生故事也便生成了。尽管有传言说，伊里春不是阿拉的真实姓氏，而是为了吸引记者的注意力和引起公众的好奇心而进行的尝试。[①] 但其实阿拉并不需要一个虚构的人生故事。

阿拉无可挑剔的身材一直令人钦佩。有句谚语叫"睡觉使人忘记饥饿"，意思是睡眠有助于摆脱饥饿感。让·诺埃尔·利奥说，这句谚语后来被改为"迪奥使人忘记饥饿"[dort（睡觉）/Dior（迪奥）——法国的双关语]，幽默地暗示了这些模特为了保持苗条身材如何节食。[②] 但是模特生涯常常意味着失去往日美丽的苦楚，以及被欣赏的永恒的渴望。这就是做时装模特的另一面。

---

[①] Dorothy Kilgallen, Gossip Column, 30.09.1949.

[②] 同上。

## 性格之美

阿拉复杂的性格是她魅力的一部分。有时阿拉会搞恶作剧,捉弄她的同事和朋友们。1951年,当阿拉和另一位迪奥时装模特西尔维在巴西时,一位当地的亿万富翁爱上了她们俩。他相信所有东西都是花钱就能买到的,便邀请这两位女士去珠宝店,让她们选择自己喜欢的东西。"女孩子们瞧都没瞧大钻石和红宝石,而是选择了带有圣像的小纪念章。这位尴尬的仰慕者马上就没影儿了。"让·诺埃尔·利奥写道。

维多利亚·杜特勒将阿拉描述为一个内敛、冷淡、难以接近的"中国女人"。有一次,阿拉手里拿着铅笔和报纸站着,解着她的填字游戏,好像她没有注意到蹲在她脚边的那个女人一样。这位服装管

阿拉，1955 年
@Mike de Dulmen

理员名叫热玫恩,是迪奥先生在所有服装管理员中最看重的一位,她对模特们从来没客气过。她个子不高,略微有些驼背,长着一双黑眼睛,还有长长的鼻子和隆起的额头。她总是在薄薄的嘴唇上涂上红色唇膏,发髻梳得高高的。除了脖子上戴着珍珠项链,她全身都穿成黑色。她涂着红色指甲油的粗糙手指上戴着好几枚戒指。这位服装管理员的样子使人感到恐惧,但阿拉对她的态度和别人完全不一样。

"热玫恩,如果你敢再扎到我一次,我就把这条连衣裙给撕了。"阿拉突然生气地说道,眼睛里充满了愤怒。

"如果你撕掉这条连衣裙,我就把它穿在其他模特的身上,"热玫恩嘲讽地说,"看你那样儿,总不满意,总生气。"[1]

在贵族家庭中长大的阿拉喜欢成为众人瞩目的焦点,但她从来不将这种想法表现出来。"我看着阿拉,她以一副高不可攀的样子一动不动地坐着。她的唇角挂着一丝微微的笑,眼睛半闭着。她的视线在服装管理员柏莎的身上一动不动,仿佛她正为什么事情感到生气,或期望柏莎做点儿什么。最后,柏莎无法抗拒,走上前去。

'我的中国小姑娘你怎么啦?'

阿拉实现了自己的目的,默默地笑了,她又成了大家的焦点。"维多利亚回忆说。[2]

---

[1] Victoire Doutreleau. Op.cit. P.44.
[2] 同上,第45页。

1950 年，阿拉身穿 Richard Strauss 连衣裙
@Harry Meerson

阿拉经常展示系列中最好的服装——1949年以白色网眼织物制成的饰有透明硬纱的春日花朵的迪奥小姐连衣裙，理查德·施特劳斯·马克西姆系列的传奇连衣裙Junon，以白色透明硬纱制成的背面加长镀金的多层下摆连衣裙Espagne，由千鸟格图案的夹克、百褶裙和帽子组成的西装套装礼服Helicopter……"阿拉一直沐浴在掌声中，大家都想买到她展示的衣服。此外，她总是能得到最亮丽的、迪奥先生永远不会让其他模特穿的衣服。"①

阿拉的同事们从不吝惜对她的赞美。拉基称她是身材值得被刻成雕塑的东方女神，是一朵稀有的花。她形容阿拉为神秘的、面带微笑又难以接近的人，并称她为"天生的、为穿女王的服装而生的时装模特"②。阿拉的同事、时装模特普拉琳将她形容为"像藤本植物一样灵活而富有魅力的亚洲美女"。在奥迪尔的眼里，阿拉是一个神奇的生物——一只黑豹。③最后，在专为克里斯汀·迪奥拍摄的纪录片中，弗雷德里克·米特朗对她的描述如下："阿拉是繁华时装模特世界里的女王。混血美女阿拉因为一次偶然的机会，陪着她的朋友来到了迪奥时装屋。她会说好几种语言。她是神秘的、坚强的、友好的（如果

---

① 维克多·杜特雷洛于2014年1月17日接受弗雷德里克·布尔德利尔的采访，2014年11月18日，第3页。
② Odette Keyzin. Présidente Lucky, mannequin de Paris. Paris, Fayard, 1961.
③ Praline, mannequin de Paris. Paris, Editions du Seuil, 1951; The House of Dior. Odile on Modelling for Dior, NGV Melbourne, 15.10.2017.
https://www.youtube.com/watch?v=geRhvcK 6W-0&t=6s

在这张照片中，我们首次看到了阿拉的美丽工整的笔迹。
DR/ 克里斯汀·迪奥的香水系列，巴黎

不生气的话），可是当她得不到应有的重视时，就会变得很吓人。"[1]

阿拉周围有很多嫉妒她的人，甚至一些报纸对这一点也有所注意。1963年，《女装日报》的记者讲述了在意大利对阿拉的一次访问："阿拉每年都会来佛罗伦萨，参加蒙格里尼·古根海姆的走秀。每年她都会得到热烈的欢迎。她神秘的光环使她在整个走秀中占主导地位。她让我魂不守舍，我差点从椅子上掉下来了。当意大利模特在T台上与阿拉擦肩而过时，我们能很清楚地看出她们眼中充满钦佩和嫉妒。"[2]

前同事心中保留着对阿拉最温暖的印象——尽管她的形象与众不同，但她依然甜美而富有同情心。例如，克里斯汀·迪奥的年轻助手乔恩·迈克尔森在1956年这样说道："在我来到迪奥时装屋之前，当我学习法语、阅读法文的报纸和杂志，尤其是 *VOGUE* 时尚杂志时，我已经对阿拉有所了解。当我第一次看到她本人时，我被她不可思议的光环打动了。阿拉对我很好，甚至还给我上了几节法语课。阿拉虽然比较内向，但总是很甜美、精致和迷人。她总是很用心地对待周围的人，并具有令人难以置信的存在感。迪奥先生非常喜欢她。"[3] 根据乔恩的回忆，在他刚到巴黎的几个月时间里，阿拉帮他学习法语，而

---

[1] 纪录片《克里斯汀·迪奥与法国》，弗雷德里克·米特朗，2018年。
[2] Women's Wear Daily, 25.01.1963.
[3] 乔恩·米歇尔森于2014年8月25日接受弗雷德里克·布尔德利尔的采访。迪奥时装屋关于阿拉·伊里春的内部文件摘录。柳德米拉·马林诺夫斯基，2014年11月18日，第6页。

1956 年克里斯汀·迪奥的
前助手乔恩·迈克尔森
在他的工作室里为阿拉画草图
乔恩·迈克尔森的私人档案

他为了帮阿拉给小马克找保姆，从布雷姆请来了他的童年好友。

许多人将阿拉描述为一位风度翩翩的女性，这要归功于她小时候的芭蕾舞学习。她有着无可挑剔的品位和举止，精通几种外语也是她很大的优势。毫无疑问，她的独特之处在于她异域风情的外表和亚洲血统——当时的法国离现代的多元主义文化还相差甚远。

# Part Three

### 第三章
## 高级时装大使

古尔纳拉·诺伊曼作品（Gyulnara Neumann，意大利）

# 阿拉在迪奥国际战略中的角色

1947年迪奥的第一个系列"新风貌",使迪奥时装屋一夜之间获得了成功,不仅在法国,在国外也是如此。"因为迪奥,巴黎在经历了一段把外国买家吓退的、艰难的占领期之后,再次成为世界时尚之都。经历了法国被剥削的屈辱时期之后,法国女人重新找回了失去的女性气质,她们对这件事感到十分幸福。"[1] 据媒体报道,由于出口扩大,时装业迅速发展,1949年迪奥占法国时装业出口额的75%。[2] 迪奥时装屋的商业计划是一项真正的国际战略:每个季节在不同国家举办时装秀,在国外开设精品店,并颁发销售许可证。

---

[1] Palais Galliera. Dossier de presse de l'exposition Les années 50. La mode en France 1947-1957. Paris, 2014. P. 7.

[2] Paris Match, 10.03.1950.

"迪奥先生很快动身去了纽约，他在那里创建了第二个定制时装工作室。迪奥先生确实是个征服者。他调整自己的风格，使其适应美国人品味，这种风格在美国成为优雅的象征。迪奥的服装在拉美也备受称赞，伊维塔·贝隆是迪奥的忠实客户。迪奥先生在日本也开设了一家定制时装工作室。迪奥时装屋受到了无限的欢迎。"[1]

迪奥帝国是以客户需求为导向而建立的。外国客户是给迪奥带来最大收益的购买者，因为为了获得迪奥服装的再生产权，他们要支付40%～50%的关税。[2]1950年《巴黎竞赛》的一篇文章描述了外国客户购买迪奥服装的过程——第二次新系列走秀是专门为外国客户举办的，想要出席这样的走秀，要花很多钱买票。当时有两种类型的买者：店主和制造商。前者购买迪奥制作的服装是为了无限复制，唯一条件是在零售价格上"礼服每件不超过80美元，西装每套不超过100美元"。后者是制造商，他们购买迪奥系列的式样和概念，以便于他们在迪奥服装的基础上设计自己的系列服装。[3]

20世纪40年代末到50年代，这种销售许可证的方法在巴黎的时装屋中非常流行。这一系统是1948年迪奥为了在纽约的分公司销

---

[1] 卡罗琳·邦格兰，佛罗伦萨·米勒，《迪奥的灵感》[莫斯科普希金国家美术博物馆（莫斯科）的展览。2011年4月26日至2011年7月24日]。巴黎，Editions de La Martinière，2011年。第230页。

[2] Terence Measham, Bernard Arnault, Pierre Bergé.Christian Dior: The Magic of Fashion. Sydney, Powerhouse Publishing, 1994. P. 47.

[3] Paris Match, 12. 08. 1950.

085.

古尔纳拉·诺伊曼作品（Gyulnara Neumann，意大利）

售奢侈品成衣而创建的。1950年,墨西哥和古巴的制造商拿到了这种许可证,一年后许可证又被卖到加拿大和澳大利亚。到1954年,迪奥在国外拥有8家分公司和16家合伙公司。[1]这一年,这8家分公司的税前总收入为1700万美元。20世纪50年代中期,迪奥的销售额占法国出口总收入的5%。因此迪奥被视为"高级时装界的通用汽车公司"。[2]

在国外举办时装秀,是迪奥先生国际战略的另一个关键部分。其主要目标是"借助从悉尼到蒙得维的亚都为人熟知的身着迪奥衣裙游遍世界的迪奥模特维多利亚、阿拉、弗朗斯和勒内,来传达品牌的创作氛围"[3]。

"每年一到两次,我的发布会都需要呼吸一下新鲜空气。我们常把模特儿叫作"优雅形象大使",其实,这完全是职业需要,职业驱使她们时常到世界各地走一走——日本、南非、希腊、英格兰、苏格兰、奥地利、意大利、南美洲。通常,肩负展示当季时尚任务的小团队由8名'小姑娘'、4名穿衣工组成,外加领导公关媒体工作的莫萨布雷先生和多纳蒂先生。除去不太喜欢离开巴黎并且从来不坐飞机(我可真理解她!)的勒内,她们全都为能够外出旅行而欣喜。这

---

[1] Regina Lee Blaszczyk.Producing Fashion: Commerce, Culture, and Consumers. Philadelphia, University of Pennsylvania Press, 2011.P. 89.

[2] Kate Betts. American Dior. Assouline, 2010. P. 15.

[3] Marie-France Pochna. Christian Dior. Paris, Flammarion, 1994. P. 293-294.

087.

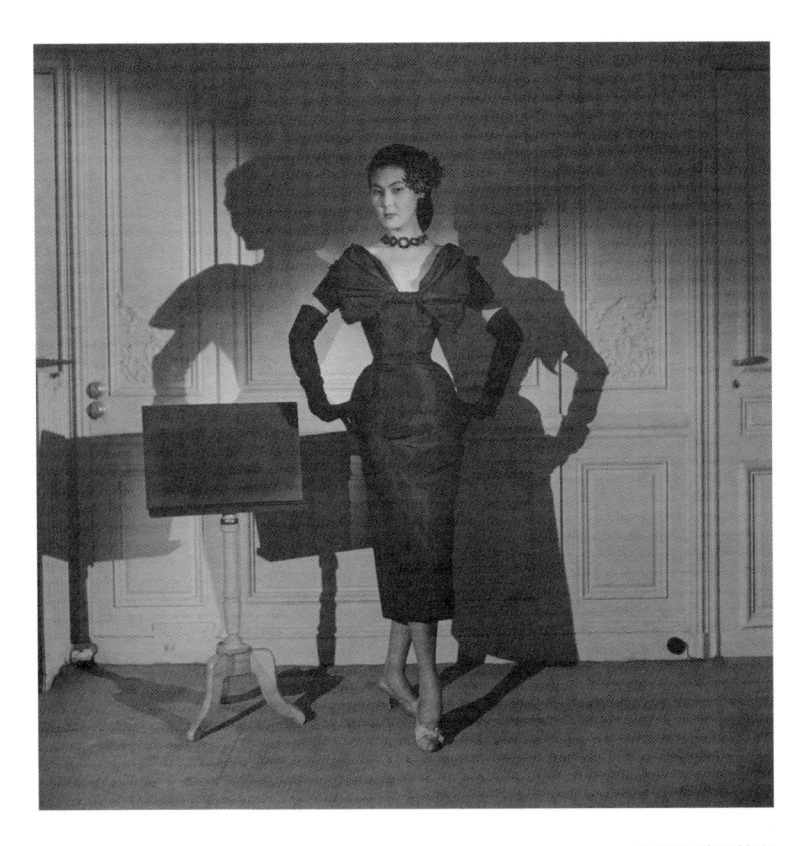

巴黎市政府档案

样的外出与我们想象中的那些游山玩水之乐毫无关联。一场发布会需要做那么多的准备、付出那么多的劳动，以至于演出结束后，'小姑娘'们基本不再去想连夜跳舞的事了。"

阿拉的世界之旅也是促成迪奥公司获得成功的一份力量，她以极高的水准扮演着自己的角色。从美国到澳大利亚，她曾踏及世界的每一片大陆，她心爱的助手波莱特一直陪伴着她。[1] 阿拉那富于异国情调的长相、美丽的身材以及对不同文化和语言的了解，帮助她在迪奥品牌的国际交流中发挥关键作用。因为自己出众的外表和女装设计师对她的大胆选用，阿拉经常出现在美国、英国和其他国家的报纸上。阿拉，这位充满异域风情的美人，经常与代表法国古典美的模特勒内·布雷顿一同展示迪奥那些传奇的服装系列。日本和拉丁美洲的媒体在发布关于迪奥先生的文章时，很喜欢使用这两位模特的合影。

令人惊讶的是，即使在今天，我们也很少能看到亚洲模特出现在西方的时装秀和时尚杂志上。在美国，早在20世纪60年代，"Black is beautiful"（黑色也是一种美丽）运动就诞生了。如今，传奇时装模特娜奥米·坎贝尔正在积极争取时装业的多样性。但是关于亚洲时装模特的评论却很少。而在20世纪50年代，有显著亚洲面部特征的美女阿拉·伊里春参加世界各地的时装秀，并出现在杂志页面上。在阿拉模特生涯的鼎盛时期，她的国籍依然是中国，当时她没有试图将自

---

[1] Jean-Noël Liaut. Op. cit. P. 183.

古尔纳拉·诺伊曼作品（Gyulnara Neumann，意大利）

己的国籍改成法国。

直到2013年，阿拉之后的第一位中国模特才出现在意大利的*VOGUE*封面上。孙菲菲以高挑、内敛和颇具异国情调的希纳·马沙多形象出现在封面上。为了强调亚洲眼形的美，孙菲菲化了和20世纪50年代在意大利比基和舒伯特两家时装屋走秀的阿拉一模一样的黑色箭头式上挑眼线。

希纳·马沙多是时尚摄影师理查德·艾维登的缪斯，是亚洲美女的主要代表之一。她是第一位出现在《时尚芭莎》上的"非白人"时装模特。理查德·艾维登坚持要出版他的缪斯的照片，他曾威胁与自己合作了七年的杂志社，如果不能刊登美丽的希纳·马沙多的照片，他将拒绝与他们继续合作。[①] 克里斯汀·迪奥在选择阿拉作为缪斯时，也曾经不得不为证明自己的正确而战。尽管受到指责，他仍然知道，阿拉将为他带来国际性的成功。

在巴黎，皮尔·卡丹的缪斯是他去东京时注意到的松本裕子。她凭借"冰冷"的侧影、精致的面孔、一丝不苟的黑色方形发式、从容平和的姿态以及神秘的形象，成为日本"生活的艺术"在巴黎的象征。

2014年，中国模特孙菲菲首次出现在美国*VOGUE*杂志的封面

---

[①] Jada Yuan. Model China Machado on Avedon, Racism in Fashion, aging well, The Cut, 04. 10. 2016. https://www.thecut.com/2016/10/model-china-machado-on-avedon-racism-in-fashion-aging-well.html

上。2017年，来自中国的刘雯也得到了同样的机会。相比之下，早在1974年，贝弗利·约翰逊就成为该杂志的第一位黑人封面女郎。

法国通常在欣赏异国情调的美和多样性的方面领先一步。1964年，帕科·拉班邀请了第一批黑人时装模特参加时装秀，在这之前两年，伊夫·圣罗兰聘请了美丽的菲德莉亚。① 多年后，传奇的娜奥米·坎贝尔也因他而有机会出现在美国和法国 *VOGUE* 的封面上——1987年12月的 *VOGUE* 和1988年8月发行的带有黑人模特的法国 *VOGUE* 杂志的第一版。② 伊夫·圣罗兰第一个注意到了今天的传奇时尚偶像——娜奥米·坎贝尔。也许这是他从克里斯汀·迪奥那里学到的经验：大胆的决定和异域的美是成功的捷径。毕竟1963年在伊夫·圣罗兰的首批时装秀的某一场中，阿拉·伊里春展示了新系列里的近三分之一的衣服，这并非巧合。2005年，法国 *VOGUE* 封面上的下一个中国模特出现了。

总体而言，早在二十世纪四五十年代，亚洲和东方就已经是法国 *VOGUE* 杂志上流行的主题了。亚洲的影响力体现在有关传统服饰的文章、游记报道以及有关女性外交代表的简讯上，还包括具有亚洲血统的女演员，如1958年的欧亚混血演员弗兰丝·纽恩。而阿拉是唯

---

① Frédéric Joignot. Black is Beautiful. Le Monde, 26.08.2018.
https://www.lemonde.fr/idees/article/2018/08/26/black-is-beautiful_5346315_3232.html
② Saga Mode: Naomi Campbell, «la panthère». Paris Match, 04.09.2014.
https://www.parismatch.com/Vivre/Mode/Naomi-Campbell-la-panthere-587732

一以欧洲时装模特的身份出现在该杂志上的人。

即使在今天,亚洲时装模特也经常被"标签化",这些女孩会以公式化的形象出现,如穿和服或面部涂白的艺伎、害羞女子或其他类似的形象。对此,连 VOGUE 杂志的美国版主编、知名编辑安娜·温图尔在发表 8 位著名亚洲模特的照片并附上文字说她们正在"创造新的美丽标准"后,也未能免受批评之声。这是否意味着旧的、被普遍接受的审美标准只是由欧洲人的、西方人的外形特点来决定的呢?

早在 1959 年,阿拉在接受英国一家报纸的采访时就表示,她不会将自己局限于纱丽和和服中。不管是展示东方宽松连衣裙还是欧洲的经典花呢套装,她都能让观众为她的表现力而赞叹。①

阿拉在职业生涯中曾多次出现在 VOGUE 上——1949 年 4 月,她身着迪奥设计的鸡尾酒会礼服,初次登上 VOGUE,但在这张照片中很难看清她的脸。后来她在 1951 年的 4 月、10 月,1952 年的 4 月、9 月以及 1954 年的 6 月和 10 月的 VOGUE 上,以自己独特的异国风情多次出现。通常她是以迪奥模特的身份登上杂志的,但有时也在包括纪梵希在内的其他品牌的广告中出现。1948 年和 1949 年的 ELLE 杂志上也刊有阿拉的一些照片。

1954 年 3 月,阿拉出现在美国 VOGUE 杂志中一篇介绍迪奥代表团日本之旅的文章里。1963 年,她又出现在一篇关于最令人印象

---

① Diana Pulson. Dior in London Lacks Paris Colors. Birmingham Post, 1959.

深刻的法国模特的发型的文章中。

除了在 VOGUE 中这为数不多的几次登场外，还应该算上阿拉在其他报纸和杂志以及在时装秀报道和广告里的数十张甚至上百张照片。毕竟在当时，展示模特和平面模特之间存在相当严格的划分，所以说这真的是一个了不起的成就。没有多少模特能够同时做这两种工作。

根据 The Fashion Spot 这一最全面介绍时尚界多元文化研究的网站的数据来看，以 2016 年为例，在广告中出现的模特里，只有 22% 的模特为"有色人种"，其中 8.3% 为黑人模特，亚洲模特只占 4%。[①] 而阿拉早在 1952 年 10 月，就出现在 VOGUE 杂志美妆品牌仙凝的广告之中了。

根据发表在《埃隆大学传播研究期刊》上的一项关于纽约时装周上模特多样性的研究分析（纽约时装周被认为是最具包容性的时装周），在 2013 年至 2018 年期间，在该研究所分析的品牌（包括卡尔文·克莱恩、香奈儿和范思哲）中，亚洲模特所占的比例仅在 3% 到 10% 之间，而 2015 年和 2016 年这两年甚至没有亚洲模特参加。研究表明，"非欧洲"模特最多的品牌是香奈儿。[②]

亚洲模特在大型奢侈品牌走秀中至今仍能引起轰动：2011 年何

---

[①] Survey finds that 78% of models in fashion adverts are white.The Guardian, 10.05.2016. https://www.theguardian.com/fashion/2016/may/10/survey-finds-that-78-of-models-in-fashion-adverts-are-white

[②] Erin McDowell. Improved Racial Diversity on the Runways of Fashion Week.Elon Journal of Undergraduate Research in Communication, vol. 10, № 1, printemps 2019. P. 96.

穗成为第一位为拉尔夫·劳伦时装秀开场的中国模特,而雎晓雯则是马克·雅可布的第一张中国面孔。2017年,著名内衣品牌维多利亚的秘密因创纪录地邀请了7位中国模特参加走秀,引起了轰动。① 加拿大华裔设计师李云梦因2018年在纽约举办独家亚洲模特时装秀而获得认可,② 纪梵希于2011年在巴黎也举办过类似的时装秀。③ 自1947年以来,阿拉就在法国国内和国外多次做过时装秀的开场模特,这一点有大量的照片和视频档案可以证明。

阿拉的故事的独特性还在于,除了她是中国公民和她母亲是俄罗斯人之外,她还有亚洲特色显著的面部轮廓。

今天,在时装界可以看到欧洲、非洲或亚洲模特的流行浪潮。亚洲对高级时装的需求正在增长,越来越多的时装设计师聘用亚洲模特。法国社会学家弗雷德里克·蒙纳龙在接受法兰西新闻台的采访时指出:"亚洲模特的出现表明了中国等国家奢侈品市场的发展。"④

---

① Rhys Mckay. 7 Chinese models you need to know. Marie Claire, 03.06.2019.
https://www.marieclaire.com.au/chinese-models
② Kimberly Yam. Designer Casts All Asian Models For New York Fashion Week Show. Huffington Post, 09.10.2018.
https://www.huffpost.com/entry/claudia-li-new-york-fashion-week-all-asian-models
③ Givenchy Uses Only Asian Models At Haute Couture Show. Huffington Post, 26.01.2011.
https://www.huffpost.com/entry/givenchy-haute-couture-asian-models_n_814148
④ Marie-Adélaïde Scigacz. Handicap, couleur de peau, mensurations... Dans la mode, la diversité fait de maigres progrès.France Info, 03.03.2015.
https://www.francetvinfo.fr/culture/mode/handicap-couleur-de-peau-mensurations-dans-la-mode-la-diversite-fait-de-maigres-progres_833273.html

古尔纳拉·诺伊曼作品（Gyulnara Neumann，意大利）

阿拉预见到了这种趋势——在1959年接受《伯明翰邮报》采访时，她表示她意识到了自己处境的独特性，也感受到了社会上仍然存在的种族主义情绪，她大胆地表达了自己一如既往的自信："现在这太时髦了——每家时装公司至少都有一位东方模特……"[1]

---

[1] Diana Pulson. Dior in London Lacks Paris Colors. Birmingham Post, 1959.

## 美国一梦

二十世纪的美国时尚将历史的所有沧桑尽数反映出来：世纪初的艰辛、第一次世界大战的混乱、咆哮的二十年代、大萧条、第二次世界大战……在迪奥的新风貌系列带来革命之前美国的时尚是由好莱坞统治的。当时的美国女孩们为看起来像电影明星，如琼·哈洛、葛丽泰·嘉宝和克劳德特·科尔伯特，便穿起漂亮的衣服，精心打造发型和妆容。

然而到了1942年，美国在战争期间引入了所谓的服装配给政策，例如，对每件衣服的口袋和纽扣的数量都进行了规定。许多女性在战争期间参与工作，她们所穿的制服极大地影响了日常时尚。所有这些变化塑造了在时装设计师克莱尔·麦卡德尔指导下诞生的一种新的美国风格。那时候流行的是与积极生活方式相适应的舒适服装,其特点是线条简洁。欧洲的女性欣赏克莱尔·麦卡德尔那以宽大的裙子、帽子和手套以及鲜艳的皮鞋为特征的风格。那时候美国主导着全球时尚。① 但克里斯汀·迪奥改变了这一切。在国际上大获成功之后,他于 1948 年 10 月 8 日在纽约第五大道开设了迪奥的第一家国外分公司。服装配给制度取消后,迪奥的这种新风格引发了激烈的辩论。正如 1947 年《时代》周刊所写的那样,佐治亚州的一群男人组成了一个名为"破产的丈夫"的联盟。他们为妻子购买的用几十米布料制作的新裙子的昂贵价格感到愤怒。②

迪奥的新风貌系列引起了轰动。据说,甚至纽约的出租车司机都会停下来,向街上的女人询问关于她们身上连衣裙的很多问题。③《华尔街日报》在头版上发表了一项民意调查,该调查的结果显示大多数美国人都认可这种新风貌。

阿拉于 1947 年开始在迪奥时装屋工作,1948 年,美国报纸对此表现出兴趣,并做了相关报道。④ 1949 年春,阿拉穿着迪奥先生在迪奥小姐系列所有衣服中最喜爱的那条连衣裙,参加拍摄。⑤

---

① Anne V. Tyrell. Changing Trends in Fashion: Patterns of the Twentieth Century 1900 - 1970. Batsford, 1986. P. 96.
② 同上,第 16 页。
③ Kate Betts. American Dior. Assouline, 2010. P. 12 - 13.
④ Chicago Tribune, 21. 11. 1948.
⑤ Chicago Tribune, 24. 04. 1949.

阿拉·伊里春，1949 年
哈里·梅森拍摄

　　同年秋天，她首次在美国纽约的传奇商店——梅西百货连锁店参加走秀。[①] 早在那时，美国记者就强调她的异国血统和非凡外表。1949 年 9 月，美国的《女装日报》（该报至今仍被称为高级定制界的"圣经"）写道："这场秀是迪奥的欧亚混血美女模特在美国的首场时装秀。她展示了该系列中最漂亮的几件连衣裙。"这意味着在那时，阿拉的风度和才华就已经得到了法国本土以及海外的时尚界专业人士

[①] Macy's Paris Copies Stress Slim Dresses, Full Belted Coats. Women's Wear Daily, 30.09.1949.

的认可。那时她做专业时装模特还不到两年时间。

  作为对当时社会的反映，美国的高级时尚圈是相当封闭的，仅面向白人女性。在美国民权运动的早期，黑人模特从未在报纸上出现过。值得注意的是，多尼尔·卢娜是1965年以素描的形式出现在《时尚芭莎》头版上的第一位黑人模特。当时美国的种族主义倾向十分明显，以至于南部各州的读者开始退订该杂志，而《时尚芭莎》的领导层则禁止理查德·艾维登给多尼尔绘制画像和拍摄照片，并禁止他出版她的照片。[1]

  同年12月，她本应出现在美国 *VOGUE* 的封面上。但是，康泰纳仕的纽约办公室得知后，要求总编辑埃德蒙德·夏尔·鲁立即换掉照片，并把他当即解雇。[2] 直到1974年，第一位黑人时装模特贝芙莉·约翰逊才出现在时尚杂志的封面上。

  和在法国一样，在美国，亚洲的美被认为是异国情调，亚洲面孔只在与文化或旅游相关的文章中出现过，几乎没有亚洲模特代言过某个品牌或为某个时装品牌做过广告。这可能是当时亚洲移民的社会地位造成的：外交家庭和知识分子圈子以外的女性"有色人种"，并不是设计师的目标受众，她们与众不同的面孔被认为太过"陌生"且具

---

[1] Ben Arogundade. The Tragic Tale of Donyale Luna. The Fashion Telegraph, 11 ноября 2012. http://fashion.telegraph.co.uk/news-features/TMG9658276/The-tragic-tale-of-Donyale-Luna.html

[2] Jérôme Gautier. Donyale, Beverly, Naomi… Et aujourd'hui Adut, Anok, Mayowa, Herieth défilent en majesté. Air France Madame, № 201, août-septembre 2019. P. 137.

101.

@Georges Saad,1951 年

有格格不入的异国风格。

阿拉在美国走过第一场秀之后，美国公众就爱上了她，以至于她多次为了展示迪奥系列而回到美国。例如，1950年她与西尔维一起在芝加哥的法英时装秀上展示了11件服装，还有1957年与雷妮在洛杉矶参加了艺术学院妇女委员会和马歇尔菲尔德公司的走秀。①

1961年10月，当时迪奥时装屋的创意总监已是马克·博汉，阿拉和其他9位模特参加了华盛顿法国大使馆举行的时装秀。《纽约时报》的一则通讯对此进行了描述，其中提到阿拉的发型是由杰奎琳·肯尼迪的传奇美发师让·路易·马泽斯完成的。②

玛丽·弗兰斯·波什纳这样描述美国的大型时装秀以及美国公众对法国高级时装的兴趣："在大西洋的另一端，人们对时尚从不吝惜，整个系列服装的展示在成千上万的人面前进行，大型时装秀占据了购物中心的中间位置，媒体为了让1.8亿美国人知道这些事而对此进行了详尽的报道。宣布裙长改变几厘米的消息在第七大街引起强震，就像股票指数下跌一样。"③

时尚以及阿拉的出现，在美国引起公众极大的兴趣。从现有资料可以推测她甚至考虑过搬到美国。1949年她与美国模特经纪公司

---

① Chicago Tribune, 14.03.1950; 08.04.1957, Los Angeles Times, 14.04.1957.
② The New York Times, 17.10.1961.
③ Marie-France Pochna. Christian Dior. Paris, Flammarion, 1994. P. 305.

Hartford Agency 签订了合同（据非正式官报），并与当时居住在纽约的蒙特卡洛俄罗斯芭蕾舞团的新闻专员迈克尔·明德林订婚。① 但是，由于不明原因，婚礼没有举行。阿拉表示自己不喜欢美国男人——1949 年 12 月，她在接受《洛厄尔太阳报》的采访时表示过，美国男人无聊至极，而美国女人穿着紧身的胸衣和硅胶胸罩，她们走路时就像足球运动员一样。她还在采访中谈到，自己曾以为美国女孩的身材美丽苗条，但后来却发现那一切都归功于紧身胸衣和硅胶胸罩。她还表示在法国，迪奥先生不会容忍这一点，因为他对此有特殊的看法，并且更喜欢自然之美。②

迪奥先生不喜欢阿拉这样直率地说话，他看到了阿拉的采访之后，由于担心这会损害品牌屋在美国的销售，赶忙叫她回到巴黎。③

---

① The Lowell Sun, 18.12.1949, P. 45; Dorothy Kilgallen, Gossip Column, 07.09.1949.
② 同上。
③ Dorothy Kilgallen. Gossip Column, 08.01.1950.

# 耀动英伦

克里斯汀·迪奥出生于诺曼底的格兰维尔市，从小受英国文化的影响。他在自传中谈到英国时说："除了法国，世界上再没有一个国家的生活方式能比英国的更让我喜欢。"[1] 他喜欢英国的传统习俗、英式礼仪和英式建筑。作为一名时装设计师，他欣赏英国的传统服装，尤其是独特的"千鸟格"图案。迪奥为许多英国名人服务过，其中包括英国芭蕾舞女演员玛格·芳登、作家南希·米德福德以及玛格丽特公主——女王伊丽莎白二世的妹妹。1947年，他在伦敦的萨沃伊饭店展示了他的第一个系列，并于1952年在伦敦设立了迪奥的分公司。

---

[1] Christian Dior. Christian Dior et moi. Paris, Vuibert, 2017.

阿拉于 1950 年随迪奥首次访问伦敦，并参加走秀。英国、美国甚至澳大利亚的很多报纸在报道该走秀时都选择了阿拉穿着米色塔夫绸"理查德·施特劳斯"晚礼服的照片。尽管这场伦敦的迪奥走秀不乏其他异国美女，但澳大利亚的 *Sunday Sun Women* 报纸却选择了阿拉："充满异国情调的迪奥模特阿拉·伊里春的深色上挑眼形，吸引了舰队街（伦敦的主要购物街，相当于法国的香榭丽舍大街 ——编者注）的目光。"迪奥代表团由三个法国女人、一个波兰女人、一个美国女人和一个英国女人组成，但阿拉被称为"时装秀的新发现"。[1] 另一家报纸报道说阿拉成了时装秀的明星，在伦敦的迪奥时装秀上获得了成千上万观众的赞扬。报纸提供了有关阿拉·伊里春的一些信息，如"东方模特、中国东北父亲和中国母亲的女儿，她的名字在巴黎是人人谈论"[2]。

在访英期间，克里斯汀·迪奥在驻伦敦的法国大使馆与王室代表见面。[3] 由于签证的问题，阿拉差点错过了迪奥在英国的首场时装秀。由于不明原因，阿拉无法获得英国的签证。但是阿拉参加走秀这件事对迪奥和公众来说都非常重要，以至于移民局最终给阿拉办理了签证。*Sunday Sun* 引用未知消息源写道："没有阿拉，这场走秀将失去它

---

[1] The Sunday Sun Women, 30.04.1950, P.35.

[2] Times Pictorial Weekly, 13.05.1950.

[3] Paris Match, 13.05.1950.

的魅力。"当时英国的《谢菲尔德电讯报》报道说:"赞助迪奥时装秀的服装博物馆委员会帮助阿拉得到了英国的签证,并指出'阿拉是迪奥最著名的模特之一'。[①]这场时装秀在萨沃伊饭店举行,为在巴斯建立一家服装博物馆筹集资金。"

1954年,阿拉再次到英国,为了参加在牛津郡举办的一场玛格丽特公主出席的慈善时装表演。该活动旨在为英国红十字会筹集资金。那天的筹款数目令人难忘——成功筹集到了8 000英镑。迪奥的冬季系列在马尔伯勒公爵的故居布伦海姆宫展出。阿拉为牛津郡红十字会主席兼红十字会成员玛格丽特举办的走秀开场。共有两千名嘉宾参加了这场走秀,其中包括"十二大"(第二次世界大战期间在伦敦成立的时装设计师联合会)的代表——时装设计师赫迪·雅曼。

迪奥的服装系列从未如此大规模地进行展示。英国人最初对"H"型剪裁持怀疑态度,但这只是他们"先评价后判断"的习惯的一种表现而已。一旦一个系列得到认可,玛格丽特公主就会摘下长黑绒面革手套鼓掌,接着人们都会献上热情洋溢的掌声。

在装饰着美丽挂毯、过去战斗的旗帜、大理石胸像和祖先画像的豪华大厅中,迪奥的服装,尤其是神话般的晚礼服,看起来就像是专门为了在这种环境里穿着而设计的一样。尽管后来所有模特都承认她

---

① Sheffield Weekly Telegraph, 06.05.1950.

阿拉在英国的布伦海姆宫参加迪奥时装屋走秀，1954 年 10 月
@Popperfoto/Getty Images

们害怕在公主面前摔倒，但豪华的大厅并没有让她们感觉不适。尽管在公主的注视下走秀是很困难的，但她们仍像在迪奥沙龙里那熟悉的环境中走秀时一样，宁静而优雅。

大秀前一天，模特们在马尔伯勒公爵和公爵夫人为她们举办的晚宴结束之后，进行了主彩排。彩排时，每个模特都走到平台上，行半屈膝礼，然后先后退10英尺（约3米），再从图书馆的狭长走廊返回。即使只是在彩排中来看，这也是很困难的，在正式走秀时更是如此。公主坐在粉红色的大马士革椅子上，马尔伯勒一家、公主的老朋友桑尼·布兰福德、女佣和她们的丈夫围在她身边。在宫殿的大厅里听到了掌声并且等玛格丽特公主离开之后，迪奥的模特才坦白，她们对这一盛事的宏伟程度和重要性感到惊讶。"当我们走进长长的图书馆时，我们都感到害怕。"澳大利亚模特戴安娜·马西说。名模阿拉说："我害怕在后退时会摔倒。"

模特们刚到的时候，为了让她们在宫殿里能感受到宾至如归，公爵夫人尽了最大的努力。时装秀前一天晚上，阿拉、克莱尔、詹娜和勒内在晚餐和彩排之后住在了布伦海姆。万宝路的朋友接待了代表团的其他人。①

---

① Australian Women's Weekly, 17.11.1954.

1954年，身着礼服"秘鲁"在布伦海姆宫的阿拉
Willy Rizzo/Paris Match/Scoop

1958年，阿拉和15位模特同事再次参加了在布伦海姆宫举行的红十字会的慈善时装秀，当时玛格丽特公主也在场。时任迪奥时装屋创意总监的伊夫·圣罗兰展示了136条连衣裙。① 前一天发布的新闻稿描述了整个迪奥代表团，包括阿拉："她很小就到了法国读书，现在她已成为迪奥的主要模特之一。她与法国时尚摄影师结婚，并有一个两岁的儿子。她喜欢与儿子和丈夫在郊外度过周末。她在很多国家参加过走秀，在全世界都广为人知。"②

阿拉的出现被公众期待，并在包括《伯明翰邮报》在内的几家英国报纸上宣布。《伯明翰邮报》写道："巴黎最著名的迪奥模特之一，阿拉·杜尔门（阿拉丈夫的名字是迈克·德·杜尔门——编者注），半法国半亚洲的美女，将出现在这些模特之中。"③ 这种说法使她的成名故事变得更加迷离和神秘。《澳大利亚妇女周刊》发表了一篇报道，其中有一张阿拉的照片，其标题是"穿着漂亮的黑色缎面晚礼服的著名迪奥模特静立在安妮女王的雕像旁"。

在伊夫·圣罗兰的指导下，迪奥时装屋的首次对外时装秀也引起了法国媒体的关注。《巴黎日报》甚至提供了有关迪奥代表团的一些后勤细节。报告说，代表团由模特、17名管理人员和工作人员组成，

---

① Paris Presse L'Intransigeant, 14.11.1958.
② British Red Cross Society, Presentation of the House of Dior's Paris Winter Collection at Blenheim Palace on Wednesday. Presse-release. 12.11.1958.
③ Birmingham Post, 27.10.1958.

这些人随身携带保价为 1.25 亿法郎的共 10 吨重的 17 个手提箱的服饰，需要得到 80 个审批签字才能通过海关。[①]

玛格丽特公主的莅临使这一活动具有皇家气度。据媒体报道，马尔伯勒公爵夫人在与模特们见面的当晚，向她们讲授了屈膝礼的秘密，并展示了她们走过布伦海姆宫众多大厅的 6 公里路线。

---

① Paris Presse l'Intransigeant, 12.11.1958.

## 欧洲之行

1951年12月，在法国驻希腊大使沃·圣西尔伯爵夫人的倡议下，迪奥在雅典举行了系列走秀。如《巴黎竞赛》画报发布的在帕特农神庙的台阶上和雅典卫城遗址上拍摄的照片所示，8位模特穿着颓废派特色的Princess（公主）系列华丽连衣裙。所有礼服均以希腊和对希腊友好的国家命名："英国"（安吉丽娜为代表模特）、"秘鲁"（凯瑟琳为代表模特）、"美国"（弗朗斯为代表模特）、"希腊"（阿拉为代表模特）、"法国"（玛丽·泰蕾丝为代表模特）、"墨西哥"（勒内为代表模特）、"澳大利亚"（拉吉为代表模特）、"巴西"（珍妮为代表模特）。迪奥的工作人员代表团（包括布里卡女士、鹿岭女士、查斯特尔先生、德摩萨布雷侯爵和勒瓦彻女士）以及8名模特，携带着重达

法国驻希腊大使沃·圣西尔伯爵夫人提议的
在帕特农神庙展示的克里斯汀·迪奥的新系列
1951 年 12 月,雅典
Jean-Pierre Pedrazzini/Paris Match/Scoop

300公斤的连衣裙到达雅典，展示新系列。记者报道说，走秀之后迪奥代表团参加了一场盛大晚宴，国王和王后以及其哥哥布伦瑞克公爵世子也亲临现场。这种盛大活动有双重目的：展示法国的威望，并为慈善事业筹集资金。①

1957年，阿拉代表迪奥在斯德哥尔摩走秀。正如瑞典媒体所说的那样，斯德哥尔摩大酒店成为瑞典所有时尚盛会的举办地。1957年9月17日，法国纺织业大亨马塞尔·布萨克与瑞典成衣品牌合作，在酒店的冬季花园里举办了一场国际时装秀。《每日新闻》报道说，迪奥向瑞典时尚界的500名代表，包括设计师、制造商、插画家、模特和销售商，展示了近100套服装。活动的第一部分展示了瑞典服装制造商如伊瓦尔·瓦尔、埃尔林·理查德、莫迪莉娅和法希尔科品牌的约60套服装，主要是用法国的棉质布料制作的连衣裙。活动的第二部分展示了约35套原创服装，以推介法国高级时装屋。7位著名的法国模特为了给时装秀增光添彩而来到斯德哥尔摩：阿拉·德·杜尔门（迪奥时装屋）、桑德拉·罗布林（菲斯时装屋）、吉娜维芙·理查德（巴尔曼时装屋）、杰基·维莱特和珍妮·赫希特（菲斯时装屋）、特雷西塔·曼努埃尔（菲斯时装屋前模特）以及杰基·罗玛斯（斯基亚帕雷利和莲娜丽姿时装屋的前模特）。②

---

① Paris Match, 27.12.1951.
② Ulrika Kyaga. Swedish Fashion 1930-1960. Rethinking the Swedish Textile and Clothing Industry, Stockholm, Department of Media Studies, Stockholm University, 2017. P. 163.

115.

@Ake Blomquist，Swenska Dagbladet
1957年9月17日，7名法国模特在斯德哥尔摩大酒店参加法瑞时装秀。照片最左侧的是代表迪奥时装屋的模特阿拉。

阿拉在罗马
@Regina Relang

# 日本之旅

1953年11月，作为七个模特组成的代表团的一员，阿拉赴日本长途旅行，访问了五座城市：东京、大阪、福冈、京都和名古屋。

《悉尼先驱晨报》对该旅程作了一个很好的报道："克里斯汀·迪奥上周末飞往东京，他带着总保险金额为5万英镑的晚礼服、皮草大衣、西装和风衣系列，这进一步证明了日本对西方时尚的兴趣。迪奥先生无须为这次旅行付费，因为他是应某个日本报纸的邀请去那儿的：'来吧。我们将承担所有费用。'这包括迪奥先生和7位模特从巴黎飞东京的机票，以及重达1400磅（635公斤）的系列服饰的运输费用。迪奥系列共有100套服装，平均价每套500英镑，将在东京、大阪、福冈、京都和名古屋展出。为了在日本展示该系列，迪奥先生

1954年，迪奥先生带着自己的模特到日本参加走秀，这张照片上她们穿着日本传统和服。
@Bettmann/Getty Images

选择的模特包括：定居巴黎的优雅中国模特阿拉，在迪奥时装屋工作多年的英国模特德克斯特·沃，法国模特弗朗索瓦丝，以及嘴唇丰满的高挑金发模特维克多琳。每个模特都带着三十多条长袜和一些稀有的法国香水。在这七位年轻女性中有五位是金发碧眼的，因为迪奥先生认为在黑发人种国家里她们代表'有趣的差异'。这七位模特已经

@Shahrokh Hatami
阿拉跟伊夫·圣罗兰在日本奈良

和迪奥的系列服装一起游历过许多国家,她们分别在南美、瑞典、芬兰、葡萄牙、北非和苏格兰展示了迪奥设计的服装,但是日本之行是迄今为止时间最长的一次。"[1]

后来,在1963年,阿拉与伊夫·圣罗兰再次去了日本。"在时装屋开业不到两年的时间里,伊夫·圣罗兰和皮埃尔·伯杰到那里展

[1] Sydney Morning Herald, 26.11.1953.

示了春季系列。这要归功于伊夫·圣罗兰时装屋的日本代表,即皮埃尔·伯格的好友宏志川藏先生的协调。"伊夫·圣罗兰博物馆的工作人员这样向我们解释道。[1]

他们拜访了东京和京都,在身着和服的艺伎的陪伴下欣赏樱花盛放——这甚至是一个值得用彩色版画记录下来的场景。在伊夫·圣罗兰先生在沃邦广场的公寓里有几幅这样的版画,但他在日本没有买任何一幅画。他们还前往拥有许多庙宇的古都奈良,在那里成千上万的小鹿在四处自由漫步。[2] 伊夫·圣罗兰对亚洲的迷恋以及他在旅途中获得的灵感,经常反映在他后来创作的系列中。

---

[1] Le Japon d'Yves Saint Laurent - Musée Yves Saint Laurent.
https://museeyslparis.com/chroniques/le-japon-dyves-saint-laurent

[2] 同上。

## 环游拉美

1954年10月，迪奥在拉丁美洲举行了一次重要的巡回时装秀。阿拉曾多次访问拉美，我们在探索中发现了许多签证，证明了这一点。

五位迪奥模特参加了由荷兰航空赞助的旅行。迪奥在几个国家展示了其著名的"H"型1954年秋冬系列。这些国家包括墨西哥、秘鲁（利马）、哥伦比亚（加里）、波多黎各（圣胡安）、巴拿马等。在巴拿马的一家乡村俱乐部里，迪奥受到第一夫人塞西莉亚·皮内尔·德·雷蒙德的欢迎。在古巴（哈瓦那）、委内瑞拉（加拉加斯）以及厄瓜多尔（瓜亚基尔）举办走秀活动，是为了支持巴拿马、厄瓜多尔等地的红十字会、波多黎各的心理和教育学院以及秘鲁的政治

1952 年，阿拉的巴西签证（阿拉作为中国公民环游世界）
@My Heritage

家玛丽娅·德尔加多·德尔·奥德里亚的社会援助中心。几家拉丁美洲报纸选择了阿拉来宣传该活动，包括 El Mundo、El Dominical 和 El Correo。这些报纸将阿拉称为"最美丽的迪奥模特之一"，[1] 尽管目前尚不清楚她是否参观了所有巡回时装秀的国家。例如，Oriental 杂志中的一篇有趣的文章提到阿拉无法参加利马之旅："无法来到利马的中国模特阿拉为纪念这个富藏金银的传奇之地，在巴黎展示了名为'秘鲁'的盛装。的确，这套以黄色缎面制成的绣有金银线的精美服

---

[1] Panama America Dominical, 31.11.1954; El Correo, 13.10.1954; El Mundo-San Juan, 29.10.1954.

阿拉在里约热内卢参加走秀，1961年

装，受到了印加传说的启发。在利马的时装秀上，令人赏心悦目的法国模特玛丽·海伦·阿诺展示了这套服装。这位会说西班牙语的模特的美丽和青春吸引了观众的注意。"[1]

拉丁美洲启发迪奥先生设计了具有拉美国家风格的几条连衣裙，例如"波多黎各""圣萨尔瓦多""厄瓜多尔""哥伦比亚"和"秘鲁"。[2] 在拉丁美洲的报纸上，阿拉穿着华丽的"H"型服装，如"亚森罗宾"黑色丝绸连衣裙，外套覆盖臀部，戴黑色长手套，胸针饰有

---

[1] Oriental, 01.11.1954.

[2] El Mundo-San Juan, 10.11.1954.

珍珠和钻石，为整体增添了一抹浮雕般的美感；"阿尔塔美娜"黄色绸缎连衣裙和一件外套（后来阿拉穿着这套衣服被著名插画家埃里克画在 VOGUE 杂志上）；"圣萨尔瓦多"锦缎短晚礼服，具有延长的 H 腰线；以及"秘鲁"金黄色缎子连衣裙和一件外套。此外，阿拉还穿着"秘鲁"连衣裙参加了 1954 年在布伦海姆宫举办的时装走秀。

1961 年，阿拉参加了访问巴西的代表团。当地 Fatos e Fotos 杂志描述了在科帕卡巴纳宫进行的迪奥时装秀。来自里约热内卢和圣保罗的上流社会代表参加了这次时装秀。迪奥时装屋展示了 Charme 62 系列。走秀的前一天，在著名的巴西企业家塞尔索·罗什·米兰达的新宅举行了鸡尾酒会，法国大使雅克·拜恩斯先生在法国宫举办了晚宴。[1]

---

[1] Fatos e Fotos, 02.12.1961.

## 远游大洋

尽管距离遥远，但澳大利亚并没有被隔绝在巴黎的影响之外。在战后时期，通信和交通有了显著改善，并且由于媒体、精品店和高定时装公司的作用，那些对时尚感兴趣的澳大利亚人能够追随巴黎的特别是迪奥的时尚潮流。[1]那时，由于经济困难，迪奥设计中的蓬松下摆和奢华风格的服装在伦敦屡遭批评。而与此不同的是，澳大利亚的女性欣喜地接受了歌颂新女性气质的"新风貌"。[2]早在1946年，著名的《澳大利亚妇女周刊》就组织了一系列的时装秀。该杂志的时尚

---

[1] Louise Mitchell. Christian Dior and Postwar Australia. Terence Measham, Bernard Arnault, Pierre Bergé. Christian Dior: The Magic of Fashion. Sydney, Powerhouse Publishing, 1994. P. 38.

[2] Katie Somerville, Lydia Kamitsis, Danielle Whitfield. The House of Dior: Seventy Years of Haute Couture. Victoria, National Gallery of Victoria, 2017. P. 34.

《澳大利亚妇女周刊》
1957 年 10 月 9 日

编辑玛丽·霍登提出举办一场名为"法国时尚游行"的时装秀。

玛丽·霍登的姐姐是《澳大利亚妇女周刊》的老板弗兰克·帕克的妻子。这种家庭关系为玛丽启动这一项目提供了助力。她到巴黎与设计师见面,并为了在澳大利亚组织一场时装秀选择了礼服,且雇用了模特。

在第二次欧洲之行期间,她认识了当时已然成名的克里斯汀·迪奥。同时,澳大利亚的一家百货连锁店提出了另一个概念——"人人皆宜的法国时尚"。这家百货连锁店模仿了包括迪奥在内的法国高级时装,其中包括马尔伯勒街的一家迪奥精品店。该概念的提出者戴维·琼斯于1948年与迪奥见面,并说服他在澳大利亚进行首场迪奥原创服装的走秀。几年后,戴维·琼斯与《澳大利亚妇女周刊》一起,成功与迪奥公司谈妥这场1957年底在澳大利亚举办的时装秀的组织工作。尽管克里斯汀·迪奥先生意外去世,但迪奥还是决定要举办这一活动。当年最新的 Dior Libre 系列中有83套服装在澳大利亚展出。七位迪奥模特展示了这一系列,她们全都登上了与戴维·琼斯先生一起赞助这个项目的《澳大利亚妇女周刊》。克里斯汀·迪奥的成功可见一斑。他去世两年后,澳大利亚当地一家杂志宣布:"迪奥这个名字是一个口号。对时尚感兴趣的人可能听说过巴黎世家、皮尔·卡丹或者巴尔曼,但即使对时尚没有任何兴趣的人,也可能听过迪奥。迪奥先生的'新风貌'是可以与滑铁卢战役或林德伯格的第一个大西洋渡口相提并论的存在。"①

  由此可见,阿拉以迪奥模特的身份环游世界,她的异国风情之美和优雅气质促进了迪奥品牌的国际扩张。她代表迪奥走遍全球,大胆地证明了高级时装的创建不仅仅是面向当时的"经典"美女。作为迪奥品牌的"代言人",阿拉的存在为每场时装秀定下基调。

---

① Katie Somerville, Lydia Kamitsis, Danielle Whitfield. The House of Dior: Seventy Years of Haute Couture. Victoria, National Gallery of Victoria, 2017. P. 52.

# Part Four

## 第四章
## 个人生活

古尔纳拉·诺伊曼作品（Gyulnara Neumann，意大利）

## 年少时的判断 —— 生活与爱

阿拉的个人生活,更像是在不同政治体制下穿梭于不同国家和大陆间的旅程。她成为国际公认的美的象征并不足为奇,因为在她身上,有几种文化和传统的巧妙融合。

成为迪奥异国风情模特并多次出访外国的阿拉,很快开始受到各行各业、各国人的关注。

阿拉在巴黎和纽约的社交圈子里徘徊。在某个美国杂志的采访中,她将法国和美国的两个传奇夜生活场所——巴黎最古老的歌舞厅"女神游乐厅"和纽约时尚夜间俱乐部"拉丁区"做了对比。阿拉说:"我对'拉丁区'那些来访者的打扮感到震惊,我宁愿赤身裸体,也不会打扮成这副样子出门。实际上,他们在那儿跟赤身裸体也没什

马克·德·杜尔门的家庭档案

马克·德·杜尔门的家庭档案

么两样。巴黎的'女神游乐厅'也和清教主义相距特别远,但至少他们是开诚布公地宣扬身体的美的。"

尽管如此,阿拉仍然落落大方地在时装秀上展示了伊夫·圣罗兰第一个系列的深领口衣服和短裙。在1957年接受《拉伯克雪崩日报》的采访时,阿拉承认自己在时装秀上有足够的勇气,但在日常生活中,她坚持低调的风格,穿毛衣和裙子,而不是会让男人吹口哨的深领口衣服。她表示过,她穿着毛衣、阔腿裤或裙子的时候感觉最舒服。当她和丈夫晚上一起出去玩儿的时候,她总是选择穿黑色且不带大领口的、款式简单的衣服。[1] 但是,像其他很有女人味儿的女人一样,阿拉喜欢衣服,并且很懂穿搭技巧。她对自己的工作,对这份半年一次的迪奥新品展示的工作,怀着真挚的热爱。

---

[1] Nora W. Martin. Wearing Low-Cut Dresses Is Not Embarrassing To Model. Lubbock Avalanche Journal, 29.09.1957.

## 初恋男友罗伯特·卡帕

1948 年，阿拉与摄影师罗伯特·卡帕结识，后者当时正在巴黎跟随 World Video 制作公司为美国 NBC 频道制作有关巴黎高级时装的一个系列纪录片——《巴黎的时尚潮流》。[1] 美国著名作家约翰·斯坦贝克为这部纪录片撰写了剧本。[2]

许多时尚历史学家认为，卡帕是阿拉的一生所爱。罗伯特·卡帕的真名是安德烈·艾尔诺·弗里德曼，来自匈牙利的犹太裔新闻摄影世家。他是公认的军事摄影新闻界的传奇人物，也是世界上第一家图片社——马格南图片社的创始人之一。

---

[1] Alex Kershaw. Blood § Champagne: The Life and Times of Robert Capa. Londres, Pan Macmillan, 2012.

[2] 让·诺埃尔·利奥接受古纳拉·扎哈罗娃的采访，2019 年 3 月 7 日。

1952 年，瑞士
**罗伯特·卡帕、阿拉和欧文·肖**
欧文·肖的个人档案

卡帕在哥本哈根拍了列昂·托洛茨基的系列肖像，在西班牙内战和中国抗日战争期间担任摄影记者，并拍摄了诺曼底登陆的大规模进攻。正如让·诺埃尔·利奥所说："阿拉和罗伯特·卡帕都是相貌出众且魅力非凡的人，他们因一段充满激情的爱情而有了联系。卡帕将阿拉介绍给他的朋友们，包括约翰·斯坦贝克、亨利·卡蒂尔·布雷森、欧内斯特·海明威……阿拉在巴黎的社交圈中活动,与迪奥和伊夫·圣罗兰合作,但卡帕永远不能给阿拉她所需要的稳定的生活。[①]

不管阿拉对罗伯特的爱有多么强烈,作为一个明智的女人,她很快意识到了他们的关系不会有任何结果,因此决定与他分手。卡帕去了以色列,后又去了印度支那,并于1954年在中南半岛战争结束时因不慎踩到一颗地雷而不幸去世,年仅41岁。

---

① 让·诺埃尔·利奥接受古纳拉·扎哈罗娃的采访,2019年3月7日。

## 迈克·德·杜尔门

1953年阿拉放弃了对罗伯特·卡帕的感情，嫁给了一位来自波兰的法国摄影师迈克·德·杜尔门。迈克于1917年出生于波兰利沃夫附近的斯维特卡市（现属乌克兰领土），他在利沃夫读书，头衔为伯爵，从事外交工作。根据马克·德·杜尔门的说法，迈克获得了法律、政治学和经济学三个博士学位。在战争期间，他不得不逃离波兰，离开了他的家，离开了那个现在已经在原址上建了一条天然气管道的地方。

这位受过良好教育的年轻人开始从事公关工作，然后对摄影产生了兴趣。他在摄影方面相当成功，时至今日，他的著名作品仍在以高昂价格拍卖。也正是在一次拍摄中（据媒体报道，阿拉是当时拍摄

阿拉和迈克·德·杜尔门的婚礼
1953 年 11 月 13 日
斯维特拉娜·洛博夫的家庭档案

工作最多的模特），他和阿拉相识了。他们在结婚前就已在巴黎第 17 区托克维尔街上的一间小公寓开始了同居生活。1953 年 11 月 13 日，两人成婚，并于 1956 年 8 月在巴黎第 16 区的一家医院里生下了儿子马克。马克出生后，一家人搬到了巴黎第 16 区蒙莫朗西街。

阿拉和迈克·德·杜尔门的婚礼
1953 年 11 月 13 日
斯维特拉娜·洛博夫的家庭档案

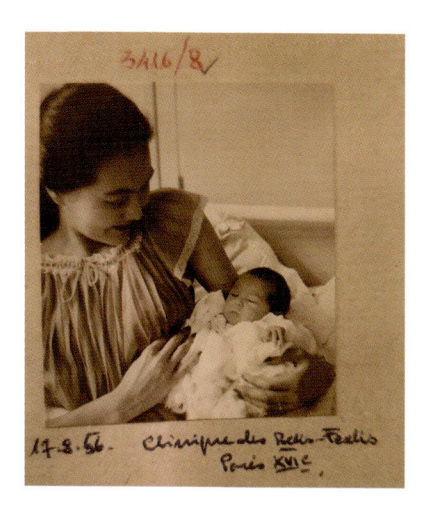

阿拉跟刚出生的儿子马克在位于巴黎 Belles Feuilles 街的妇产医院
马克·德·杜尔门的家庭档案

阿拉和母亲、继父、儿子共度圣诞节
马克·德·杜尔门的家庭档案

阿拉带着儿子到乡村游玩
马克·德·杜尔门的家庭档案

然而，阿拉和迈克的婚姻是短暂的。1959年2月，阿拉就带着4岁的马克回到了她母亲和继父在阿贝塞斯街的家中，并于1961年4月13日正式与迈克离婚。

与许多生完孩子就辞职的模特不同，阿拉只错过了一个走秀季。她无法忍受母亲的抱怨，也无法忍受四口之家在狭小公寓里生活的不便，于是带着儿子搬到了巴黎第15区的埃米尔·佐拉大街。马克在那里度过了他童年的大部分时光。

## 伊戈尔·穆欣和阿拉的晚年生活

"我11岁时,我母亲身边出现了一个新男人。"① 马克回忆道。这是阿拉生活中另一段灿烂的爱情故事。这次她选择的人是伊戈尔·穆欣。他是白人移民的后裔,曾经是一名芭蕾舞演员。在与阿拉恋爱期间,他在法国酩悦香槟公司从事公关工作。伊戈尔非常喜欢牛仔风,他总是扎着皮带,蓄着大胡子,因此马克叫他"蟑螂"。那时候伊戈尔和他的朋友吉尔伯特·甘霍尔德创立了法国西部片影迷协会。"我记得他送了我小兵玩具。当阿拉和他出去玩时,我拿着小兵玩具在空旷幽暗的酒店房间里玩儿,等他们回来。我很快就习惯了,一点也不

---

① 马克·德·杜尔门接受卡里加什·阿比耶娃的采访,2018年10月17日。

阿拉和她的儿子马克
马克·德·杜尔门的家庭档案

害怕，毕竟他们还是年轻人，没法总是陪我。"① 马克说。

阿拉于 1980 年 3 月 8 日与伊戈尔·穆欣结婚，他们住在巴黎第 13 区。阿拉去世前几年，他们离婚了。那时，因个人生活中的挫折与职业生涯结束而形成的空虚叠加在一起，阿拉非常孤独。

据马克说，告别 T 台这件事让阿拉一度很难熬。不幸的是，尤其是在那个时代，一个女人是不能长期从事模特工作的。阿拉的时代已然过去，她不再是那颗与众不同的"东方明珠"。许多新名字出现了，各种出身和不同国籍的模特开始出现在 T 台上，阿拉已经完成了自己在时装史上的角色，她人生中所有的光彩时刻都成了过去。"新时代始于马克·博汉的到来，而在这个新时代里已经没有阿拉的位置了。"让·诺埃尔·利奥在他的著作《模特生涯》中指出。"随着阿拉离开时尚界，巴黎最著名时装屋的黄金时代也变成了过去"②，在蒙田大道的最后一次时装秀上，"观众为阿拉热烈鼓掌"③。

根据阿拉儿子的回忆，离开时尚界后，阿拉虽然很伤心，但她很快调整了自己的心态，并在一家大米进口公司担任助理董事。在那里，阿拉用上了自己的外语知识。

---

① 马克·德·杜尔门接受卡里加什·阿比耶娃的采访，2018 年 10 月 17 日。
② Jean-Noel Liaut. Op.cit. P. 184.
③ 同上。

147.

古尔纳拉·诺伊曼作品（Gyulnara Neumann，意大利）

1989年3月6日，阿拉在巴黎第13区唐人街的公寓中因心脏病发作去世。那时她刚从意大利的一个滑雪胜地回来。她的葬礼于1989年3月8日国际妇女节举行，这是一个奇妙的巧合。迪奥的售货员索菲·詹斯、莉娅·卢卡斯和阿拉的其他两位同事带着鲜花参加了葬礼。[①]

另一个让人意想不到的巧合是：仅仅两周过后，阿拉的第一任丈夫迈克·德·杜尔门也去世了。阿拉的母亲塔玛拉比她多活了七年零四个月。塔玛拉、阿拉与1985年10月3日去世的阿拉继父尼古拉·阿拉斯一同葬于巴黎伊夫里公墓的家族墓里。

---

① 索菲·詹斯接受卡里加什·阿比耶娃的采访，2019年6月7日。

# *Epilogue*

# 结语

  这本书——这段漫长搜索和不懈努力的过程的果实——现在到了结束的时候。我们完成了一项难以置信的工程，但前方仍有很多工作等着我们去完成。这位迪奥的东方女神在法国度过了她辉煌的职业生涯，我们所做的一切正是想让她的名字在这片土地上重焕光彩，而这本书就是这一计划的一个里程碑。

  当然，因为阿拉的独特性和不可复制性，阿拉之谜将永远无法被完全揭开。她不仅是在新服装设计上给迪奥先生以启发的缪斯，也不仅是迪奥品牌的代表性人物，还是对时尚史和这家高级时装公司的成功作出宝贵贡献的"功臣"，这是现在全世界都有目共睹的。阿拉是一个坚强的女人，她以令人羡慕的荣誉和尊严面对生活中的一切考验，带着调皮的笑容，穿着华丽的服装，走好在 T 台上的每一步。

  我们的目标是重新将阿拉的名字与已经出版了自己的回忆录的拉基、普拉琳和维多利亚这些传奇的迪奥模特一样，写进法国高级时装史。

  我们希望这本书能够在中国读者的心中占据应有的地位，并像阿拉为迪奥先生提供灵感一样，成为读者实现自己生活中的新成就的灵感之源。阿拉的人生短暂又不寻常，但她的坚强性格和个人魅力却继续向我们照亮她传奇人生的错杂迷宫。

与许多同事不同的是，阿拉由于没有来得及或因不愿意而没有写自己的回忆录。但让我们开心的是，我们通过跟阿拉的儿子及她的同事和朋友们，包括乔恩·迈克尔森、索菲·詹斯、伊莲·洛博夫和我们好不容易在南特市附近的一家养老院找到的前迪奥模特西蒙·阿尔纳尔的交流，能够整理出阿拉非凡命运的一些小细节。所有这些曾经有机会以某种方式接触过阿拉的人，帮助我们发现了很多在官方文件或图片档案中找不到的和难以找到的东西。正是通过这些人的帮助，我们得以在阿拉去世多年后让她的人生故事得以"复活并生动起来"。

在我们为写作阿拉的传记而进行研究的过程中，最重要的时刻之一是在阿拉逝世三十周年之际，向她的坟墓献花的那一刻。阿拉的儿子马克和这个项目的许多参与者也参加了这个小型的纪念仪式。这场仪式的目的是向阿拉致敬，并告诉她，她的人生是如何与我们每个人的命运有了联系的，告诉她，她依然鼓舞着今天的人们，使他们赞叹不已。

在准备出版这本书的手稿时，我以此为基础制作了纪录片《迪奥的东方女神》。该影片拍摄于 2020 年初，恰逢新冠肺炎疫情暴发。尽管困难重重，但该电影还是于 2020 年 7 月 30 日在迪奥时装屋遗产部展映，并收获了迪奥工作人员的热烈掌声。

随后，影片在各国的国际电影节上展出。本书英文版签付印刷之时，这部电影进入了多国国际电影节的决赛，包括阿姆斯特丹（荷兰）、广州

（中国）、伦敦（英国）。这部纪录片还获得了包括印度孟买的冠木国际电影节、纽约国际电影节、纽约奥尼罗斯电影节以及阿尔忒弥斯全球电影节[①]在内的多个国际电影节的冠军。

这样，全球范围内就已经形成了对20世纪40年代至60年代闻名的模特阿拉·伊里春传奇命运的评价。通过本书的撰写和纪录片的拍摄，我们成功地让这位女神的芳名重获生机，并以这种方式将迪奥创始人——克里斯汀·迪奥的智慧展现给大家。在欧洲种族主义情绪盛行的时期，迪奥先生早在1947年就极为大胆地把这位亚洲长相的模特引到了欧洲高级时装的T台上。

阿拉因她超凡的魅力、非凡的灵性和坚定不移的意志，开辟了自己的成功之路："循此苦旅，以达天际！"

---

[①] World Distribution Award «Artemis»——编者注。

1947年，阿拉穿皮埃尔·巴尔曼的服装
@Claudine

# *Appendix*

# 附录

附录部分翻译：余嘉明

## 媒体笔下的阿拉

### Le Monde《世界报》，1957 年 1 月 24 日

**最年轻的巴黎"封面男孩"**

《世界报》，发布于 1957 年 1 月 24 日，更新于 1957 年 1 月 24 日，HETTY BAUMARD

正如一位机智的同事所指出的那样，最近，阿拉——迪奥客户熟知的明星模特——在午餐时展示了"她的作品之一"。阿拉怀中抱着的她的儿子马克（五个月）。她向我们展示了 Airflatt 品牌的各种产品，包括一件由 Henri Michel 设计的、冬暖夏凉的阿斯特拉罕皮草大衣、一条由 Hélène Vanner 为宝宝设计的白色婴儿抱被，甚至阿拉最忠实的伴侣——狗狗班基也穿着一件名牌雨衣。在这次友好的会面中，我们再次欣赏了 Talon 的狩猎服、Paul Vauclair 的骑马服、Schilz 的绒面革服装和室内礼服、Pierre Faivret 的大衣、Nina Ricci 的婚纱、Harmaniantz 设计的夏季燕尾服以

及 Gélot 设计的配有衬里的帽子。

**Chicago Tribune**《芝加哥论坛报》，1948 年 11 月 21 日

阿拉·伊里春出生于中国东北，父亲是俄国人，母亲是中国人，[①] 现在是巴黎迪奥时装屋的模特。她在丽都时装秀上穿了一套带有错综复杂的褶皱布料的日光浴装，上面的面纱只是装饰。

**Chicago Tribune**《芝加哥论坛报》，1949 年 4 月 24 日

克里斯汀·迪奥以自己的名字将他本季最喜爱的裙装命名为"迪奥小姐"。裙身由白色网眼织物缝制，整身饰有用上过浆的欧根纱制成的春日花朵。（展示的）模特是来自中国上海的阿拉·伊里春。

**Chicago Tribune**《芝加哥论坛报》，1949 年 9 月 18 日

克里斯汀·迪奥打造了一款黑色缎面鸡尾酒会礼服，采用深 V 字形领口和长度及肩的黑色小山羊皮手套。迪奥先生弃用了最近的设计，将裙底边提高到离地 40 厘米。这条精巧的裙子由阿拉·伊里春上身展示。

**WWD**《女装日报》，1949 年 9 月 30 日

梅西百货连锁店的巴黎复刻款主打修身连衣裙和全系带大衣。

巴黎原版和梅西百货的复刻版同时展出，吸引了大量观众前往（海诺德）广场，让本季的变装午餐走秀人气十足。

这场秀是迪奥的欧亚混血美女模特在美国的首场时装秀。她展示了该系列中最漂亮的几件连衣裙。

---

[①] 阿拉的父亲是在中国东北工作的哈萨克斯坦人，母亲是移居东北的俄罗斯人，三人曾移居上海。附录中部分采访中对其父母的介绍有讹误。——编者注

**Courier Mail**《信使邮报》，1950 年 2 月 18 日

23 岁的阿拉·伊里春是克里斯汀·迪奥的御用模特。杏眼微挑的阿拉在这个走秀季备受瞩目。首先，她不肯剪短乌黑的秀发（而是将头发轻轻卷起别在颈后）；其次，她是本季伦敦报纸上出镜最多的模特。阿拉的父亲是中国东北人，母亲是俄国人。当我在迪奥系列中看到她时，我惊讶于她水蛇般的腰线，这可能得益于她常年练习芭蕾舞。迪奥每月付给她 40 英镑左右①，但她也从其他时装屋和照片出版商那里赚些额外收入。她经常从早上 8 点工作到午夜。她没有结婚，与母亲同住在巴黎。迪奥先生总是让阿拉来展示最修身的衣服，因为她身材纤细，臀围 89 厘米，胸围 91.5 厘米，身高 168 厘米。

**Chicago Tribune**《芝加哥论坛报》，1950 年 3 月 14 日

从巴黎远道而来参加时装秀的两位模特。

昨天，在芝加哥举行的一场英法服装时装秀上，来了两位站在时尚界顶峰的模特，她们便是迪奥时装屋的阿拉和西尔维。两位姑娘穿着精致的黑色短裙，展示着纤细的腰肢。她们在大使东酒店啜饮清凉饮料，浅尝开胃鲜虾，大方地回答媒体提问。盘着一头乌黑秀发的阿拉是一位睫毛修长、杏眼微挑的异域美人，她解释说，虽然她是法国居民，但自己其实出生在中国，有四分之三的俄国血统和四分之一的中国血统。她会说法语、意大利语和俄语，先是在巴黎基督教女青年会工作，后担任美国陆军的秘书，从中学会了一口流利的英语。当被问及她是如何获得

---

① 此处说法与后文有出入。——编者注

迪奥青睐的，阿拉回答说："我是陪一位朋友去的，她当时正在找工作，但她太害羞，不敢一个人去。结果迪奥先生问我是否愿意做他的模特。至于那位朋友，她虽然没有入选，但我们仍然是朋友。"

**WWD《女装日报》，1950 年 3 月 15 日**

马歇尔菲尔德公司引进的时装采用更利落的线条。

迪奥的签约模特阿拉和西尔维搭乘美国航空的飞机从巴黎直飞，上身重现了迪奥的 11 件作品，又一次博得满堂喝彩。

**YORKSHIRE POST《约克郡邮报》，1950 年 4 月 26 日**

迪奥时装秀驾临约克郡。

从英国姑娘琼·托妮到纤细典雅的中国美人阿拉，再没有哪支模特团比之更能包罗世间群芳了。这些模特的头发，没有剪成顽童头，而大多是短款卷发，但是阿拉则留着稍长的娃娃头。

**Sun《太阳报》，1950 年 4 月 30 日**

拥有中国血统的异域模特阿拉·伊里春，身着黄色塔夫绸镶边的米色塔夫绸"理查德·施特劳斯"晚礼服。阿拉上挑的美眸是这场走秀的一大亮点。

**SHEFFIELD TELEGRAPH《谢菲尔德电讯报》，1950 年 5 月 6 日**

本报记者赴伦敦观看克里斯汀·迪奥时装秀时，对这些模特印象深刻。这七位模特从巴黎飞往伦敦秀场。一开始，她们的签证好像遇到了些麻烦。最难入境的是华裔模特阿拉。赞助这场秀的服装博物馆委员会告诉外交部，阿拉是法国最著名的模特之一，最终获得了签证许可。

*Times Pictorial Weekly*，1950年5月13日

阿拉艳压全场。

近日，在伦敦举行的克里斯汀·迪奥时装秀吸引了上千名观众，获得最多观众掌声的是东方模特阿拉·伊里春。阿拉的父亲是东方人，母亲是中国人，整个巴黎都在谈论她的着装风格。

*Londonderry Sentinel*，1950年8月5日

一头黑发、万种风情的迪奥东方女郎阿拉一改柔顺的娃娃头，转而挽起了发髻，这也是时下巴黎模特最喜爱的发型。这种发型讲究头顶发丝顺滑，两侧略带波浪，在枕部卷出一个发髻。深栗色是最适合的发色，金色则很少见。

Chicago Tribune《芝加哥论坛报》，1952年9月21日

具有俄国血统的模特阿拉身穿克里斯汀·迪奥的红色日间套装，其中的裙装和外套显然来自个人主义大师迪奥的1952—1953年系列。这件简约修身连衣裙的下摆离地面只有27厘米多一点。

The Sydney Morning Herald《悉尼先驱晨报》，1953年11月26日

克里斯汀·迪奥上周末飞往东京，他带着总保险金额为5万英镑的晚礼服、皮草大衣、西装和风衣系列，这进一步证明了日本对西方时尚的兴趣。迪奥先生无须为这次旅行付费，因为他是应某个日本报纸的邀请去那儿的："来吧。我们将承担所有费用。"这包括迪奥先生和7位模特从巴黎飞东京的机票，以及重达1400磅（约635公斤）的系列服饰的运输费用。迪奥系列共有100套服装，平均价每套500英镑，将在东京、大阪、福冈、京都和名古屋展出。为了在日本展示该系列，迪奥先生选

择的模特包括：定居巴黎的优雅中国模特阿拉，在迪奥时装屋工作多年的英国模特德克斯特·沃，法国模特弗朗索瓦丝，以及嘴唇丰满的高挑金发模特维克多琳。每个模特都带着三十多条长袜和一些稀有的法国香水。在这七位年轻女性中有五位是金发碧眼的，因为迪奥先生认为在黑发人种国家里她们代表"有趣的差异"。这七位模特已经和迪奥的系列服装一起游历过许多国家，她们分别在南美、瑞典、芬兰、葡萄牙、北非和苏格兰展示了迪奥设计的服装，但是日本之行是迄今为止时间最长的一次。

### BIRMINGHAM POST《伯明翰邮报》，1954年10月5日

迪奥先生将这套最为精美的晚装珠宝命名为阿拉。将钻石和古巴特型珠宝采用爪镶方式嵌入有格子结构设计的耳环和项链。此外还搭配一条手链。

### Chicago Tribune《芝加哥论坛报》，1954年11月4日

玛格丽特公主戴着一顶貂皮镶边的黑色天鹅绒小帽子，一条貂皮披肩，黑色天鹅绒连衣裙和黑色长手套。为了更加耀眼，她戴了一条五链珍珠项链、一枚钻石胸针和一条钻石手链。公主走到她的座位上，那是一把粉红色的扶手椅，而在这长形图书室内赫然摆放着安妮女王的雕像。

接着，迪奥最爱的模特、中俄混血的阿拉轻轻地走进房间，在公主面前行了一个屈膝礼，然后走秀正式开始。

其他12名模特紧随其后。在3个小时的走秀中，每个人都展示了7件礼服。

### The Sydney Morning Herald《悉尼先驱晨报》，1954年11月7日

自去年7月在巴黎首次亮相以来，世界上每个国家可能都谈论过迪

奥系列及其备受争议的"H"型剪裁。但在布伦海姆宫 55 米长的白金色图书室中，在安妮女王那肃穆的白色大理石雕像的见证下，可以肯定，迪奥再次上演了奇迹。2000 名观众每人支付 5 英镑入场。奇怪的是，伦敦"十二大"设计师中只有赫迪·雅曼出席。兰花粉、宝石金、象牙白、火焰橙……美丽的迪奥模特展示了一条又一条华丽的缎面或锦缎长裙，再搭配貂皮披肩和璀璨珠宝，让观众惊叹不已。即使是那些来看"H"型剪裁笑话的人，面对迪奥的精湛工艺和绝妙审美也纷纷鼓掌，正应了时尚专家们所说的那句话——眼见为实。没有人能够透过模特们的盛装，猜到每位姑娘在下午的走秀中，都穿着修长的高跟鞋走了 3 英里（约 4.8 公里）。玛格丽特公主被鲜花环绕，坐在贵宾席首位。观众们虽然主要坐在图书室里，但也涌入了许多其他房间，这些房间都装饰着历史悠久的挂毯、价值连城的画作以及大理石和青铜雕像。迪奥的首席模特阿拉——一个头发乌黑、杏眼微挑的缅俄混血美人坐到了椅子上，说了一声："累死我了！"随后，悉尼模特戴安娜·马西和其他模特也做了差不多的事。

　　至于迪奥先生本人，在走秀结束后，他和玛格丽特公主谈笑了很久。每个人都想知道他们说了什么，但我们只知道公主为走秀成功向迪奥先生道贺，并赠予他英国红十字会终身会员的象征，迪奥的这场走秀为英国红十字会募集了 8000 英镑。出席迪奥时装秀该穿什么呢？玛格丽特公主的装扮是这样的：黑色天鹅绒小腰礼服搭配喇叭裙；一条天然貂皮披肩在胸前系了个结；小巧的黑色高跟宫廷鞋；小药盒帽搭配饰有白色貂皮的黑色天鹅绒冠冕。所有人都喝了点香槟之后，几乎每位女士都宣称，自己终于知道为什么迪奥的时装会有这么大的争议了，真是必得亲眼看到才能够相信（的杰作）。

#### The Barrier Miner，1954 年 11 月 15 日

中俄混血的阿拉·杜尔门（阿拉丈夫的名字是迈克·德·杜尔门——编者注）有时被称为克里斯汀·迪奥最爱的模特。在她前往牛津郡布伦海姆宫参加迪奥大型时装秀时，有人拍到她在伦敦帮助英国红十字会筹款。

#### Women's Weekly《澳大利亚妇女周刊》，1954 年 11 月 17 日

迪奥的冬季系列在马尔伯勒公爵的故居布伦海姆宫展出。玛格丽特公主和 2000 名支付了 5 英镑门票的观众观看了这场英国有史以来最精彩的法国时装展。马尔伯勒公爵夫人提供了场地，为英国红十字会组织了这场盛大的活动。

穿戴钻石、身披貂皮的观众坐在一张张镀金小椅子上，挤满了富丽堂皇的长形图书室、一等、二等和三等包厢、绿色客厅、红色客厅、大陈列室、沙龙和绿色书房。十二名法国模特和一名澳大利亚模特（戴安娜·马西）要走上三英里半（约 5.6 公里）来展示 112 件时装[①]。迪奥的服装系列从未如此大规模地进行展示。英国人最初对"H"型剪裁不假颜色，但这只是他们"先评价后判断"的习惯的一种表现而已。一旦一个系列得到认可，在玛格丽特公主的带领下，人们都会献上热情洋溢的掌声。公主甚至摘下黑色绒面革长手套好让掌声更响亮。在装饰着美丽挂毯、过去战斗的旗帜、大理石胸像和祖先画像的豪华大厅中，迪奥的服

---

① 此处说法与正文有出入。——编者注

装,尤其是神话般的晚礼服,看起来就像是专为女性在这种环境里穿着而设计的一样。尽管后来所有模特都承认她们害怕在公主面前摔倒,但她们看起来并没有怯场。尽管在公主的注视下登场和退场都很有压力,但她们仍像在迪奥沙龙里那熟悉的环境中走秀时一样,宁静而优雅。

大秀前一天,模特们在公爵和公爵夫人为她们举办的晚宴结束之后,进行了主彩排。彩排时,每个模特都走到平台上,行半屈膝礼,然后先后退至少10英尺(约3米),再从图书室的狭长走廊返回。即使只是在彩排中来看,这也是很困难的,在正式走秀时更是如此。公主坐在粉红色的大马士革椅子上,马尔伯勒一家、公主的老朋友桑尼·布兰福德、品牌屋的模特们和她们的丈夫围在她身边。在宫殿的高顶大厅里响起了掌声并且等玛格丽特公主离开之后,法国模特才坦言,她们快被这一盛事的宏伟和重要程度压垮了。"当我们走进长长的图书室时,我们都感到害怕。"澳大利亚模特戴安娜·马西说。迪奥首席模特阿拉说:"我害怕在后退时会摔倒。"模特们刚到的时候,为了让她们在宫殿里能感受到宾至如归,公爵夫人尽了最大的努力。时装秀前一天晚上,阿拉、克莱尔、詹娜和勒内在晚餐和彩排之后住在了布伦海姆宫。万宝路的朋友接待了代表团的其他人。

**《阿德莱德纪事报》,1954年12月16日**

近日,克里斯汀·迪奥的两位模特在玛格丽特公主面前展示时装。她们是出生于澳大利亚的戴安娜·马西和中俄混血名模阿拉·杜尔门,后者有迪奥最爱的模特之誉。为给红十字会筹款,两位名模携一群模特从巴黎飞到牛津郡布伦海姆宫参加时装秀。玛格丽特公主是席间贵宾。

**YORKSHIRE POST**《约克郡邮报》，1955 年 2 月 25 日

克里斯汀·迪奥展示了大胆的领口设计。这是一件简约的黑色绉纱短款鸡尾酒会礼服，在他的独家打底服装上贴合得没有一丝褶皱，领口与高位腰带相接。这件礼服由迪奥名模阿拉展示，搭配一顶反戴的白色奥斯曼软帽和一排乳白色珠子。

**ECHO**《利物浦回声报》，1955 年 9 月 29 日

每个女模特都有这样一个衣柜，上面清楚地写着她的芳名和她将在秀场上穿的 15 件或 20 件衣服的名字。我看到：维克托瓦穿"松树桥"等。勒基穿纽约之谜等。奥迪尔穿东方快车等。勒内穿冒险等等。阿拉，华丽的阿拉，被同事们称为东方明珠的阿拉，本周不在我们身边。穿了一整个月的深领口连衣裙后她开始发烧，现在在卧床休息，以便早日康复。她怎么会错过开幕之夜以及随后的首秀呢？她的腰围只有 45.7 厘米——她简直是一位独一无二的时装模特。阿拉，可爱的阿拉，拥有中俄两国血统的她出生在哈尔滨。她从没想过要当模特。那一天，她只是陪一位朋友去面试，忐忑地求见克里斯汀·迪奥，结果迪奥先生当即和她签约。

**Los Angeles Times**《洛杉矶时报》，1957 年 4 月 4 日

迪奥创作。

去年秋天，可爱的阿拉错过了七年以来第一个迪奥走秀季，因为当时她怀孕了，食量大增，腰围涨到了 48 厘米。

"孩子出生后我就回去工作了，我也带孩子去工作过，"她笑着说，"其实他才 5 个月大的时候，就已经完成了自己的模特首秀！"

迪奥的模特可不能闲着！

全家齐上阵。

"不，他只是在合适的时间为摄影师做婴儿服装模特，摆个笑脸，赚得 40 美元。我觉得他长得像马龙·白兰度。我们的小狗给《时尚芭莎》做模特，得到了 10 美元。孩子爸爸负责拍照。就这样，我们全家都有了工作。"

Chicago Tribune《芝加哥论坛报》，1957 年 4 月 8 日

由于核桃屋酒吧不供应啤酒，阿拉·杜尔门决定午餐喝巧克力麦芽牛奶，吃（大杯）鸡尾酒虾、（配番茄酱的）汉堡包和（涂黄油的）热姜饼。

她没有时间用甜点。马歇尔菲尔德公司邀请迪奥时装屋为艺术学院妇女委员会走秀，阿拉和她的同伴勒内·布雷顿早就应该上楼去试穿今晚要展示的礼服了。

克里斯汀·迪奥将阿拉和勒内视若珍宝，她们在巴黎的迪奥沙龙里是光彩四射的模特。阿拉体重 102 磅（约 46 千克），勒内体重 98 磅（约 44.5 千克）。阿拉的三围分别是 81 厘米、49 厘米和 86 厘米。勒内的三围则分别是 76 厘米、45.7 厘米和 84 厘米。

这两位柳腰美人不节食，也不刻意锻炼来保持身材。她们自己操持妆容和头发，当走秀时间紧张时，她们可以在几分钟内完成这两项工作。她们不会在化妆间待上几个小时。

她们不会把时间和金钱花在脸蛋和身材上，而是花在自己的脚上，每周做一次足部理疗。

勒内的皮肤像栀子花一样细腻白嫩：她会用洁面霜来卸妆，但大多时候，这位注意防晒的姑娘只用肥皂和清水就够了。

阿拉的肤色像陈年的象牙，她想试试日光浴和美黑，但从来抽不出时间；她那张毫无瑕疵的脸蛋从来不用肥皂，只涂面霜。

阿拉和勒内都有长度过肩的头发。勒内走秀时通常会挽一个发髻；阿拉则用柔顺的卷发环绕着自己纤长的后颈。她们从不染发，并且指出巴黎的顶级模特几乎不会染发；阿拉的头发是浓重的黑色，勒内的则是深棕色的。

妆容最重要的部分是什么？她们一致认为是眼妆。中俄混血的阿拉有一个精致的小鼻子和一双微微上挑的杏仁眼，她画眼妆时，会沿着两个眼睑的睫毛线画出一条炭黑眼线，并大胆地朝着太阳穴扫去。

勒内的鼻子线条分明；她的眉毛自然地高高拱起，她对待眼妆同样大胆，用刷子涂上黑色睫毛膏，加深外眼角以使眼睛更加有神。对于她们二人，眼睛是一张脸的焦点。

**Chicago Tribune**《芝加哥论坛报》，1957 年 4 月 9 日

迪奥名模阿拉身穿由千鸟格图案面料制成的夹克、百褶裙和帽子组成的西装套装礼服 Helicopter。

阿拉上身的那条白色蝉纱连衣裙，采用金色镶边的宝塔形荷叶边设计，再次将背面加长的下摆作为亮点。正如其名字 Espagne，这是一件充满西班牙情调的时装。

**Los Angeles Times**《洛杉矶时报》，1957 年 4 月 14 日

巴黎时装设计师"御驾亲征"！迪奥先生带来了他的员工、业务总

监、首席助理以及模特勒内和阿拉。

### Los Angeles Times《洛杉矶时报》，1957年8月2日

然而，迪奥的顶级模特、异域美人阿拉在展示倒数第二件晚礼服时，紧张地流下了眼泪。

### BIRMINGHAM POST《伯明翰邮报》，1958年10月27日

红十字会向马尔伯勒公爵夫人致以崇高敬意。她为11月12日在布伦海姆宫举办的慈善时装秀注入了巨大的能量。四年前，第一场时装秀为红十字会筹集了8000英镑。而这次募集的善款可能也是差不多的数目。预计将有两千名宾客前来看秀，其中包括玛格丽特公主。他们将在十间历史悠久的房间，鉴赏迪奥时装屋从巴黎运来的126件礼服[1]。届时将有16名模特，宫殿内部正在为她们每人安装一面镜子，布置无影灯，还有两千把与古董家具配套的镀金椅子正在运进宫殿。模特代表团里有巴黎最著名的模特之一——阿拉·杜尔门，她有一半的法国血统，和一半的东方血统。四年前的第一场布伦海姆宫慈善时装秀是由公爵夫人和克里斯汀·迪奥策划的。公爵夫人是牛津郡红十字会主席和红十字委员会成员。如今迪奥先生已经去世，他的位置由伊夫·圣罗兰先生接替，他将负责展示这些礼服。

### Daily Mirror《每日镜报》，1958年11月12日

图片：伊夫·圣罗兰坐在公主身边。

今天，在牛津郡伍德斯托克的布伦海姆宫，玛格丽特公主将出席迪

---

[1] 此处说法与正文有出入。——编者注

奥慈善时装秀。昨天，在同一地点，年轻的巴黎时尚之王伊夫·圣罗兰陪同玛格丽特公主参加彩排。迪奥名模阿拉穿着皮草大衣在微笑的圣罗兰先生面前练习屈膝礼。1957年克里斯汀·迪奥去世后，22岁的圣罗兰成为迪奥时装屋的首席设计师，为帮助英国红十字会筹款，他携16名模特来到英国参加此次时装秀。

**Women's Weekly《澳大利亚妇女周刊》，1958年11月17日**

公主出席宫殿盛会。

迪奥名模阿拉身着华丽的缎面晚礼服，在宫殿内的安妮女王雕像前摆造型。模特们必须学习如何在公主面前行屈膝礼。

**Evening Express《晚间快报》，1959年3月4日**

今天，世界名模阿拉在伦敦的迪奥时装屋走秀。这位为巴黎迪奥时装屋工作的著名华裔模特，是第一次在伦敦时装屋走秀。她的东方魅力完全适合简约的紧身连衣裙和飘逸的雪纺晚礼服。走秀结束后，她透露了自己的三围尺寸（81厘米，48厘米，86厘米），这在她担任迪奥模特的12年里从未改变过。

**Birmingham Post《伯明翰邮报》，1959年3月5日**

东方固然是东方，西方固然是西方，但昨天二者却在伦敦交汇了。准确地说，这次交汇发生在克里斯汀·迪奥（伦敦）夏季时装系列秀场上。这次走秀，迪奥时装屋不仅在晚礼服和午后着装上大肆采用纱丽风格，还请了长着一双杏仁眼的巴黎名模阿拉来展示时装。更令人诧异的是，整场秀中，精致可爱的31岁华裔名模阿拉并没有拘泥于深受东方元素影响的风格，除了上身几件飘逸的纱丽晚礼服，还同样泰然自若地展示了几件粗花呢套装和欧式夏装。走秀结束后，在和阿拉共饮香槟时，我发现她一向反对东方女性只有穿纱丽才好看的旧观念。"如今，大多数顶级时装屋都喜欢签约东方模特。"刚刚在伦敦观众面前首次亮相的阿拉说："我不得不说，我发现伦敦观众的接受度和其他观众一样高，不过我们展示的时装确实非常可爱。"

**Newsday**《新闻日报》，1959 年 7 月 30 日

这场秀的第一套服装由一件海军蓝的小夹克和一条短裙组成，突出地展示了东方模特阿拉的膝盖。

……圣罗兰先生昨天表示，他的新系列设计得"比以往任何款式都更复杂，更难穿"。模特们亲身证实了这一点。"我脱不下来。"阿拉今天对一名迪奥员工低声说这句话时，正试图将脚从缠绕在紧身短前裙上的裙裾中抽出。

**Coventry Telegraph**《考文垂电讯报》，1959 年 8 月 22 日

夏天穿厚重的皮草，冬天穿单薄的衣裳，顶级女模特如何做到如此纤瘦、优雅、轻松、从容。想象着她们仙女般的身材，你或许以为她们非得节食不可。"但我做不到刻意节食。"阿拉说。这位中俄混血名模在巴黎迪奥时装屋工作了 12 年，48 厘米的腰围几乎从未变过。"每走完一场秀，我都要消耗很多能量，结果吃得和马一样多。"很显然，模特也是一项令人口渴的工作。因为，在最近的迪奥时装秀结束时，我看到她努力地走到端着一盘冰饮料的服务员面前，以令人难以置信的速度喝下了三个玻璃杯的饮料。

**The New York Times**《纽约时报》，1960 年 2 月 9 日

在迪奥时装屋，模特们把顺滑秀发高高梳起，挽成一个巨大的发髻。

右上图：不同于许多女性，迪奥名模阿拉做造型时无需额外的美发产品。

左上图：麦秆染成亮黑色，编成鼓形高帽，紧紧包覆着发髻。这种帽子虽然看起来很重，但实际上轻如羽毛。

**Chicago Tribune**《芝加哥论坛报》，1961 年 7 月 28 日

营养师渴望用零卡饮食塑造的身材，每一位洒脱的迪奥女模都早已拥有。她们将自己的小脑袋埋在女式泳帽里，肩膀摆动幅度不超过一个巴掌。手臂上是长长的"手套式"袖笼，尺寸紧得只能在手腕处敞开拉链。

她们穿的紧身衣几乎都像热巧克力粘着勺子一样紧紧包裹身体，只有短裙下面才露出双腿。

白天上身显苗条，却在晚上暗藏危险。迪奥的顶级华裔模特阿拉证明了这一点。当她身穿炫目的落肩长裙走秀时，这件本就设计露骨的美衣害她春光乍泄，结果却引得全场掌声雷动。

**Daily Mirror**《每日镜报》，1961 年 7 月 28 日

当迪奥最爱的模特阿拉脱下外套时，却发现酥胸春光袒露，让观众不由得爆出一片掌声。

**The New York Times**《纽约时报》，1961 年 10 月 17 日

迪奥代表团飞往华盛顿，在法国使馆歇脚，准备参加庆祝走秀。

肯尼迪总统夫人的美发师让·路易斯为欧亚混血模特阿拉做造型。

**BIRMINGHAM POST**《伯明翰邮报》，1962 年 1 月 26 日

迪奥发布随性闲适的春季系列。

女装产品线迎来提升，明年春夏系列的风格将会是令人惬意的随性闲适风。但在巴黎，自由职业模特阿拉依然大胆展示低领口时装。虽然穿在她身上很妩媚，但穿在别人身上效果会一样吗？

**BIRMINGHAM POST**《伯明翰邮报》，1962 年 7 月 12 日

太棒了，伊夫·圣罗兰！

迪奥顶级模特阿拉和其他模特一起将时装展示得非常完美。

**WWD**《女装日报》，1963 年 1 月 25 日

迪奥名模阿拉每年都会来佛罗伦萨，参加蒙格里尼·古根海姆的走秀。每年她都会得到热烈的欢迎。她神秘的光环使她在整个走秀中占主导地位。她让我魂不守舍，我差点从椅子上掉下来了。当意大利模特在T台上与阿拉擦肩而过时，我们能很清楚地看出她们眼中充满的钦佩和嫉妒。

### 八卦专栏

**1949 年 9 月 7 日，作者：多萝西·基尔加伦**

迪奥时装屋最著名的模特之一阿拉·伊里春本月抵达纽约，与蒙特卡洛俄罗斯芭蕾舞团的新闻专员迈克尔·明德林订婚。

**1949 年 9 月 16 日，作者：沃尔特·温切尔**

（拥有中俄两国血统的）迪奥名模阿拉·伊里春抵达纽约长岛，既是为了工作也是为了爱情。

**1949 年 9 月 30 日，作者：多萝西·基尔加伦**

我近来听到的最迷人的名字属于刚从巴黎迪奥时装屋来这儿的华裔模特。她的芳名唤作阿拉·伊里春。听着像是随口编造的，我也确实听说是她编的。

**1949 年 10 月 13 日，作者：多萝西·基尔加伦**

来自巴黎迪奥时装屋的模特阿拉·伊里春已经能拿到 40 美元的时薪。

**1950 年 1 月 8 日，作者：多萝西·基尔加伦**

迪奥名模阿拉·伊里春刚到美国就发表了许多评论，甚至在一次采访中声称美国男人无聊至极。她的老板迪奥先生看到采访后，颇为恼火，由于担心这会损害他在美国的生意，赶忙叫她回到巴黎。

**1950 年 3 月 7 日，作者：多萝西·基尔加伦**

不久前被召回巴黎的迪奥模特阿拉·伊里春重返美国。

**Sun《太阳报》，1949 年 12 月 15 日**

**时尚夜话，作者：厄尔·威尔逊**

纽约——阿拉·伊里春告诉巴黎媒体她讨厌美国。

她说："美国男人无聊至极。"

"所有美国女人都系着腰带，戴着假发，连口袋里都装着假发，走起路来像足球运动员一样。"她补充道。

"这是一个寒冷的国家。有些天实在太冷了，冷到不可思议。"

"女人爱喝酒。男人也爱喝酒。除了小孩子，每个人都喝得太多了。"

阿拉小姐曾是克里斯汀·迪奥巴黎沙龙的顶级模特，现在在纽约的哈特福德公司工作，她才来两个月，就发现了这一切。

据说她对一家巴黎报纸说了这番话，该报便在头版大肆宣扬。于是，我向她求证她是否真的这样说过。她承认了。

"在我工作的地方，"这位父亲是中国人、母亲是俄国人的模特小姐说，"我听到的都是女孩们谈论自己要和谁约会，要怎么打扮……还有她们的心理医生。"

"美国女孩会请心理医生来检查她们有没有得癔症。"

年仅 22 岁的阿拉小姐对美国女孩"足球运动员似的步伐"直言不讳。

她说："美国女孩的运动量要大得多。她们走起路来很笨重。"

"美国女孩看起来身材很好，但是她们都喜欢戴假发。这要是在法国，迪奥先生可忍不了。他很挑剔，而且想要女孩们都保持自然。"

阿拉小姐光是想想就叹了口气。

"这里太奇怪了。女孩们整天照镜子，研究自己的内衣应该低一点还是高一点。"

她承认美国女孩的大腿比法国女孩要美。

"我对拉丁区人们的穿着感到震惊。"她说。

"我宁可什么都不穿，也不想穿他们的衣服，反正他们穿得跟裸体也差不多。"

"巴黎的女神游乐厅就有裸体表演，但它开诚布公，而且明说里面有裸体表演。"

"这里的人应该穿衣服，但却几乎是裸体的。他们穿了衣服跟没穿一样，我觉得很下流。女孩们穿着透皮露肉的衣服，就好像盖了几片树叶，甚至就连这些树叶也是透光的。大家还说美国是个体面的国家。我的天哪！"

我问她："你觉得美国人的道德如何？"

"美国人喜欢说一套，做一套。他们的行为像小偷和骗子。在法国，大家都很敞亮。"

然而，阿拉小姐说，美国男人把对姑娘的爱意表达得过于直白，他们对待感情的真诚很讨人厌。

"太过真诚，就没情趣了。"她说。

"法国男人很坏，"她继续说道，"你知道不能相信他们。他们既双标又虚伪，却很懂情趣。"

"法国男人会对你甜言蜜语，让你好奇他们是从哪学来的。美国人只会傻坐着看你，就像看一幅肖像。意大利男人最会哄人。他们是彻头彻尾的骗子，嘴里没一句实话。

有时我会告诉他们：'请不要撒谎。别再骗人了。'他们过着随处风流的生活，成天编故事包装自己。"

顺便一提，阿拉小姐曾与一位美国人订婚，她说，这片真诚的古老大地足以让一个法国女孩发疯，因为真诚在爱情中毫无立足之地。

"不，美国人太老实了，"她说，"老实得过分。"

"当然，我想这对美国人来说没关系，"她说，"因为他们已经习惯了。"

Lubbock avalanche journal，1957 年 9 月 29 日

**淡定展示低胸礼服的模特，作者：诺拉·W. 马丁**

巴黎，9 月 28 日（INS）——巴黎"最低"的露肩裙虽然把领口开到了腹部，但穿起来一点也不尴尬。

美丽精致的迪奥模特阿拉说："我甚至没有留意，人们是否在盯着看，女人们是否惊得坐直了，男人们是否在吹口哨。"在时尚沙皇秋季新品系列中，她展示的露肩裙拥有最令人瞠目的领部开口。

但阿拉（如今已是杜尔门夫人）确实注意到，无论是法国、美国还是其他国家的优雅女士，大多都喜欢领口开得很深的礼服。

像梦露一样大胆。

但这些令人惊艳的迪奥晚礼服中，有几件堪比玛丽莲·梦露最大胆的裙装，将阿拉 91 厘米的胸围尽情展露。然而这么轻盈高挑的巴黎名模看起来并不局促，也从不拉扯或调整衣服的低领。

"我们的晚礼服大多数都内置了牢固的支撑，"她说，"领口很好地固定在肩头，而对于无肩带礼服，则固定在胸口附近。"

"我只要不做杂耍，礼服就不会滑落。"她笑着说。

阿拉最喜欢穿的是一件叫作马克西姆的红色绉纱礼服。七分袖上衣搭配修身短裙，既显别致，又有低调的优雅。但领口呈低垂的"U"字形，让阿拉的美好身段尽显无遗，好在迪奥先生在"U"字底部缝上了一朵玫瑰，多少把领口拉高了点。

卖糖的姑娘自己不吃糖。在私人生活中，阿拉只穿毛衣和裙子，而不是会引来阵阵口哨的低领礼服。

### 偏爱运动装

"我觉得穿毛衣配阔腿裤或裙子最舒服。晚上和老公出去的时候,我通常会穿黑色的、很简洁但高领的衣服。"她说。但就像所有妩媚的女人一样,阿拉喜欢新衣服。她非常享受每半年在著名的迪奥沙龙展示一种新品的工作。

"我很快就能适应新一季的风格,"她说,"我很开心这一季的裙子长度到了小腿。我觉得这个长度非常适合,让衣服看起来很优雅。"

在最新的"纺锤系列"中,阿拉展示的许多礼服在腰部,都将宽松的女士睡衣风格作为最主要的设计特色。虽然阿拉来自欧亚大陆,但她穿着的衣服却有着真正巴黎人的风度。

"为了看起来更干练,"她说,"宽松的裙腰必须在臀部收紧;我认为这种睡衣式连衣裙会特别适合美国女孩,因为她们的腿比法国女孩更长,臀部更苗条。"

# *Acknowledgments*

## 致谢

我首先要向迪奥时装屋表示由衷的感谢，尤其要感谢克里斯汀·迪奥的前助手乔恩·迈克尔森先生，他用善意和智慧向我们讲述了阿拉的兰心蕙质和非凡才华。我还要感谢迪奥遗产部总监斯瓦兹克·普法夫女士、迪奥时装屋的文档和采购负责人索琳·奥雷尔女士及摄影数据库主管佩林·谢勒女士。

同时要特别感谢伊夫·圣罗兰博物馆，尤其是馆长奥雷利·塞缪尔女士、藏品助理总监萝拉·富妮尔女士和摄影、纪录片收藏负责人爱丽丝·库伦·赛拉德女士。赛拉德女士友善地向我们展示了阿拉的服装和平时罕见的伊夫·圣罗兰绘制的东方风格草图，并给我们提供了宝贵的意见。

我还要衷心感谢弗雷德里克·米特朗先生，他的纪录片《克里斯汀·迪奥与法国》在我们搜寻信息的过程中提供了参考；感谢让·诺埃尔·利奥先生向我们讲述阿拉在高级时装界的巨大贡献；感谢苏富比高级时装专家奥利维尔·瓦尔米耶先生和朱莉娅·吉永女士提出的宝贵建议；

感谢约翰·迈克尔·奥沙利文先生提供的大量英文出版物,这些出版物使我们得以了解阿拉的国际知名度;感谢亚历山大·瓦西里耶夫先生对我进行这项深入研究的启发;感谢马克·德·杜尔门先生的评论和他提供的阿拉家庭档案;感谢斯维特拉娜·洛博夫女士及其母亲伊莲女士(阿拉的童年好友)与我们分享青年时期的宝贵记忆和独特的照片档案;感谢迪奥时装屋的前售货员索菲·詹斯女士与我们分享她在高级时装界的日常生活的回忆;最后要感谢迪奥前模特西蒙·阿尔纳尔女士。

我还要衷心感谢我的同事们,他们强烈的意愿和动力使这个雄心勃勃的项目经过几年的筹备后获得成功。

同时,我非常感谢卡里加什·阿比耶娃女士、古纳拉·扎哈罗娃女士、马克西姆·纳波斯基先生、阿鲁阿·伊塞诺娃、娜塔莉娅·伊萨耶娃女士和迪拉拉·蓬松女士参与照片、文档和宝贵的联系人的寻找工作,这些工作对研究大有帮助。我要特别感谢奥克桑娜·才茂女士和毛雯女士的文字翻译工作。

另外,我还要特别感谢因娜·胜井女士、西巴加特·阿尔迪亚罗夫先生(东京)以及达娜·哈斯女士(蒙特利尔),感谢美国、英国、日本、巴西和法国的版权代理机构以出售出版许可的形式提供对照片原件的访问权。

最后,我要衷心感谢我的家人给予我工作上的支持,其中包括我的妻子埃莉诺和我的孩子们——阿扎马特、阿乐玛斯、阿朗和阿丽娜。在本书的编辑过程中,我很幸运可以结识来自高级时装界和艺术史领域的志同道合的朋友,感谢你们。

## *Acknowledgments*

资料来源

**书籍**

1.BALAKSHIN Peter, *Finale in China. Formation, Development and Disintegration of the White Russian Emigration in the Far East*, en 2 volumes, San-Francisco-Paris-New York, Knygoizdatelstvo Syrius, 430 p. et 374 p.

2.BARON Fabien et COPE Nicolas Alan (sous la dir.), *Christian Dior : Couturier du rêve*, Paris, Les Arts Décoratifs - UCAD, 2017, 370 p.

3.BEAUVOIR Simone (de), *Le deuxième sexe,* en 2 volumes, Paris, Gallimard, 1986, 408 p. et 663 p.

4.BETTS Kate, *American Dior*, Paris, Éditions Assouline, 2010, 180 p.

5.BLASZCZYK Regina Lee, *Producing Fashion: Commerce, Culture, and Consumers*, Philadelphie, University of Pennsylvania Press, 2011, 376 p.

6.BONGRAND Caroline et MÜLLER Florence, *Inspiration Dior : [exposition, Moscou, Musée des beaux-arts Pouchkine, 26 avril- 24 juillet 2011]. Musée Pouchkine*, Paris, Éditions de La Martinière, 2011, 326 p.

7.CHENOUNE Farid et MÜLLER Florence, *Yves Saint Laurent*, New York, Harry N. Adams, 2010, 388 p.

8.DIOR Christian, *Christian Dior et moi*, Paris, Vuibert, 2017, 260 p.

9.DOUTRELEAU Victoire, *Et Dior créa Victoire*, Paris, Éditions Robert Laffont, 1997, 356 p.

10.DUFRESNE Jean-Luc, *Christian Dior : homme du siècle*, Musée Christian Dior, Granville, Artlys, Versailles, 2005, 256 p.

11. DUMAS Alexandre, *La Dame aux camélias. Diane de Lys. Le Bijou de la Reine*, Volume 1, Paris, Michel Lévy Frères, Libraires Éditeurs, 1868, 423 p.

12. FRASER-CAVASSONI Natasha, *Monsieur Dior. Il était une fois···*, New York, Pointed Leaf Press, 2014, 260 p.

13. GIROUD Françoise et VAN DORSSEN Sacha, *Dior*, Paris, Éditions Du Regard, 2017, 360 p.

14. HERSCHDORFER Nathalie (trad. Valery Samoshkin), *Fotografia v mode. Sto let v Conde Nast (Coming Into Fashion: A Century of Photography at Conde Nast)*, Moscou, Iskusstvo - XXI, 2013, 296 p.

15. IRISHEV Berlin, *Muza Dior. Istoriya Ally Ilchun (Muse Dior. L'histoire d'Alla Ilchun)*, Paris-Almaty, COZ Literature Project, 2019, 160 p.

16. KERSHAW Alex, *Blood § Champagne: The Life and Times of Robert Capa*, Londres, Pan Macmillan, 2012, 320 p.

17. KRAVTCHENKO Larisa, *Peyzazh s evkaliptami (Paysage aux eucalyptus)*, Novosibirskoe Knizhnoe Izdatelstvo, 1988, 528 p.

18. KYAGA Ulrika, *Swedish Fashion 1930-1960. Rethinking the Swedish Textile and Clothing Industry*, Stockholm, Department of Media Studies, Stockholm University, 2017, 291 p.

19. LIAUT Jean-Noël, *Modèles et mannequins. 1945-1965*, Paris, Filipacchi, 1994, 215 p.

20. LIAUT Jean-Noël, *La Javanaise*, Paris, Éditions Robert Laffont, 2011, 195 p.

21. LORENZ Edward, *Does the Flap of a Butterfly's Wings in Brazil Set Off a Tornado in Texas?*, Massachusetts Institute of Technology, Cambridge, Massachusetts, American Association of the Advancement of Science, 139 th Meeting, 1972, 5 p.

22. LUCKY, pseud. Lucie de DAOUPHARS, et KEYZIN Odette, *Présidente Lucky, mannequin de Paris*, Paris, Fayard, 1961, 240 p.

23. MEASHAM Terence, ARNAULT Bernard et BERGÉ Pierre, *Christian Dior: The Magic of Fashion*, Sydney, Powerhouse Publishing, 1994, 64 p.

24. MITCHELL Louise, *The Cutting Edge: Fashion from Japan*, Sydney, Powerhouse Publishing, 2005, 112 p.

25. NOVICK Peter, *L'épuration française, 1944-1949*, Paris, Baillard, 1985, 364 p.

26. ORMEN Catherine, *Un siècle de mode*, Paris, Larousse, 2018, 128 p.

27. PETRONE, *Encolpe et Giton, ou le Satyricon de Pétrone moins le Banquet de Trimalcion*, Paris, Quintes-Feuilles, 2000, 214 p.

28. POCHNA Marie-France, *Christian Dior*, Paris, Flammarion, 1994, 394 p.

29. POCHNA Marie-France (trad. Joanna Savill), *Christian Dior : The Man Who Made the*

*World Look New*, New York, Arcade Publishing, 1996, 314 p.

30. POCHNA Marie-France, *Dior. Mémoire de la mode*, Paris, Éditions Assouline, 1996, 79 p.

31. PRALINE, pseud. Janine de MARSAY, *Praline, mannequin de Paris*, Paris, Éditions du Seuil, 1951, 192 p.

32. RABINEAU Isabelle, *Double Dior : Les vies multiples de Christian Dior*, Paris, Denoël, 2012, 358 p.

33. SABATINI Adélia et FURY Alexander, *Dior. Défilés : l'intégralité des collections*, Paris, Éditions de La Martinière, 2017, 632 p.

34. SAILLARD Olivier et HAMANI Laziz, *Dior par Christian Dior, 1947-1957*, Paris, Éditions Assouline, 2016, 504 p.

35. SAILLARD Olivier, *Le bouquin de la mode*, Paris, Groupe Robert Laffont, 2019, 1 504 p.

36. SAMUEL Aurélie (sous la dir.), *L'Asie rêvée d'Yves Saint Laurent*, Paris, Gallimard, 2018, 220 p.

37. SINCLAIR Charlotte (trad. E. Oseneva), *Vogue Legendy Mody* (*Vogue on Christian Dior*), Moscou, Slovo, 2013, 160 p.

38. SOMERVILLE Katie, KAMITSIS Lydia et WHITFIELD Danielle, *The House of Dior: Seventy Years of Haute Couture*, Victoria, National Gallery of Victoria, 2017, 256 p.

39. TEODORI Muriel, *Dior. Moments de joie*, Paris, Flammarion, 2019, 256 p.

40. TYRELL Anne V., *Changing Trends in Fashion: Patterns of the Twentieth Century. 1900-1970*, Batsford, 1986, 160 p.

41. VASSILIEV Alexandre, *Etudy o mode i stile* (*Les études sur la mode et le style*), Moscou, Alpina Non-Fiction, 2011, 559 p.

42. VASSILIEV Alexandre, *Krasota v izgnanii. Sto let spustya.* (*La beauté en exil. 100 années plus tard*), en 2 volumes, Moscou, Slovo, 2018, 864 p.

43. VAUGHAN Hal, *Sleeping With the Enemy: Coco Chanel, Nazi Agent*, Londres, Chatto § Windus, 2011, 304 p.

44. WARHOL Andy, *The Philosophy of Andy Warhol: From A to B and Back Again*, New York, Mariner Books, 1977, 272 p.

45. WHELAN Richard, *Robert Capa : A Biography*, Lincoln, University of Nebraska Press, 1994, 341 p.

46. WILDE Oscar, *The Picture of Dorian Grey*, Peterborough, Broadview Press, 1998, 280 p.

47. ZABIYAKO A. A., ZABIYAKO A. P., LEVOCHKO S. S. et KHISSAMUTDINOV A. A., *Russkiy Kharbin / opyt zhiznestroitelstva v usloviakh dalnevosotchnogo frontira* (*Harbin russe : l'expérience de la construction du quotidien dans les conditions de la frontière de*

l'Extrême-Orient), Blagoveshchensk, Université d'État d'Amour, 2015, 462 p.

48.ZIMONIN V. P., « Soznatelno prestupivchie gran' » (« Ceux qui ont consciemment transgressé les limites »), Projet « Velikaya Pobeda », Volume IX, Agonie, S. N. Naryshkine, A. V. Torkunov, Moscou, MGIMO, RVIO, 2015, 361 p.

## 期刊

Aberdeen Evening Express, Royaume-Uni (4 mars 1959)

Adelaide Chronicle, Australie (16 décembre 1954)

Air France Madame (n° 201, 2019)

Australian Womens Weekly, Australie (17 novembre 1954)

Barrier Miner, Royaume-Uni (15 novembre 1954)

Birmingham Post, Royaume-Uni (5 octobre 1954 ; 27 octobre 1958 ; 5 mars 1959)

Brisbane Courier-Mail, Australie (18 février 1950)

Chicago Tribune, États-Unis (21 novembre 1948 ; 24 avril 1949 ; 14 mars 1950 ; 4 novembre 1954 ; 8 avril 1957)

Courier-Mail Australia, Australie (18 février 1950)

Coventry Evening Telegraph, Royaume-Uni (22 août 1954)

Daily Mirror, Royaume-Uni (28 juillet 1961)

Dorothy Kilgallen, (7 septembre 1949, 30 septembre 1949, 8 janvier 1950)

Echo Planety, Russie (n° 42, 2006)

El Correo, Colombie (13 octobre 1954)

El Dominical, Colombie (3 octobre 1954)

El Mundo-San Juan, Porto Rico (29 octobre 1954 ; 10 novembre 1954)

El Nacional, Colombie (7 octobre 1954 ; 8 octobre 1954)

Excelsior, Cuba (12 novembre 1954)

Fatos e Fotos, Brésil (8 décembre 1961)

France Soir, France (14 novembre 1958)

L'Aurore, France (21 novembre 1958)

La Nación, Guatemala (22 octobre 1954)

La Pensée Russe (n° 3766, 10 mars 1989)

L'Officiel, France (19 octobre 2017)

Le Monde, France (24 janvier 1957)

Liverpool Echo, Royaume-Uni (29 septembre 1955)

Londonderry Sentinel, Royaume-Uni (5 août 1950)

*Los Angeles Times, États-Unis (4 avril 1957 ; 2 août 1957)*

*The Lowell Sun, États-Unis (18 décembre 1949)*

*Lubbock Avalanche Journal, États-Unis (29 septembre 1957)*

*Marie France, France (n° 584, 5 mars 1956)*

*New York Times, États-Unis (17 octobre 1961)*

*Newsday, États-Unis (30 juillet 1959)*

*Oriental, Pérou (1er novembre 1954)*

*Panama America Dominical, Panama (31 novembre 1954)*

*Paris Match, France (n° 26, 17 septembre 1949 ; 10 mars 1950 ; 13 mai 1950 ; n° 73, 12 août 1950 ; n° 145, 27 décembre 1951)*

*Paris-presse, L'Intransigeant, France (12 novembre 1958 ; 14 novembre 1958)*

*Radar, France (21 novembre 1958)*

*Relatos, Colombie (11 octobre 1954)*

*Senken Shimbun, Japon (1987)*

*Sheffield Weekly Telegraph, Royaume-Uni (6 mai 1950)*

*Sunday Sun Women, Royaume-Uni (30 avril 1950)*

*Sydney Morning Herald, Australie (26 novembre 1953)*

*Sydney Sun Herald, Australie (7 novembre 1954)*

*Times Pictorial Weekly, États-Unis (13 mai 1950)*

*Women's Wear Daily, États-Unis (30 septembre 1949 ; 25 janvier 1963)*

*Yorkshire Post, Royaume-Uni (26 avril 1950)*

*Zarya, Chine (n° 182, 1940)*

## 纪录片

British Pathé, « Marlene Dietrich in Paris », 1949

MIZRAHI Moshé, « Mangeclous », 1988

MITTERRAND Frédéric, « Christian Dior, la France », 2018

SCHATZBERG Jerry, « Portrait d'une enfant déchue », 1970

## 互联网

Britannica : britannica.com

Dazed : dazeddigital.com

Dictionnaire bibliographique de la maison-musée Marina Tsvetaeva. Les russes à l'étranger. France : dommuseum.ru

Dior Mag : dior.com

Fashion Telegraph : http://fashion.telegraph.co.uk

France Info : francetvinfo.fr

Huffington Post : huffpost.com

Internetowy System Aktów Prawnych : prawo.sejm.gov.pl

Le Monde : lemonde.fr

Marie Claire : marieclaire.com

Musée Yves Saint Laurent : museeyslparis.com

My Heritage : myheritage.com

Paris Match : parismatch.com

Polskie Radio : polskieradio.pl

The Cut : thecut.com

The Guardian : theguardian.com

Youtube (Pop Fashion Style, NGV Melbourne) : youtube.com

## 科学期刊

ABLOVA Nadezhda, « Istoriya KVZhD i rossiyskoy kolonii v Mandchourii v kontse XIX-nachale XX veka (1896-1917) » (« L'histoire de la KVZhD et de la colonie Russie en Mandchourie à la fin du XIXe - début du XXe siècle (1896-1917) »), *La revue biélorusse du droit international et des relations internationales*, 1998, n° 3, p. 62-72.

EFIMOV A. B. et MERKULOV O. A., « Istoria pravoslaviya v Kitae v XX veke » (« L'histoire de l'orthodoxie en Chine dans le XXesiècle »), Université orthodoxe des sciences humaines Saint-Tikhon, VI Conférence annuelle de la théologie.

KROTOVA Maria, « Litchnie dela sluzhathchikh KVZhD kak istotchnik izutcheniya russkogo prisutstviya v Mandchurii » (« Les dossiers administratifs des employés de la KVZhD en tant que source d'étude de la présence russe en Mandchourie »), *Saint-Petersburg Historical Journal*, 2014, n° 2, p. 125-136.

KROTOVA Maria, « Situatsiia na KVZhD posle sovetsko-kitaiskogo konflikta 1929 g. » (« La situation à la KVZhD après le conflit sino-soviétique du 1929 »), *Vestnik de l'Université d'État de Leningrad A. S. Pouchkine*, vol. 4, 2014, n° 3, p. 220-227.

MCDOWELL Erin, « Improved Racial Diversity on the Runways of Fashion Week », *Elon Journal of Undergraduate Research in Communication*, vol. 10, n° 1, printemps 2019, p. 92-99.

SMIRNOV S. V., « Yaponskaya politika v Mandchurii i russkie emigrantskie organizatsii » (« La politique japonaise en Mandchourie et les organisations des immigrés russes (1932-1945) »),

*Uralskoe Vostokovedenie*, Ekaterinbourg, Université d'Ural, 2007, n° 2, p. 59-64.

VASSILIEV Alexandre, « Russkie divy » (« Les dives russes »), *Inie berega*, n° 2 (10), 2008.

ZALESSKAYA Olga, « Conflict at Chinese-Eastern Railway in 1929 and Work with Chinese Prisoners of War », *Gramota*, Tambov, 2012, n° 11 (25), en deux parties, Partie II, p. 86-90.

## 官方文件

British Red Cross Society, « Presentation of the House of Dior's Paris Winter Collection at Blenheim Palace on Wednesday », 12 novembre 1958. In the Presence of H.R.H. Princess Margaret.

MALINOVSKI Ludmila, document interne de la Maison Dior, « Alla Illitchoum », 18 novembre 2014, 16 p.

Ordre opérationnel secret du NKVD n° 00593 « Sur l'opération de répression des anciens fonctionnaires des chemins de fer de Chine orientale », 20 septembre 1937.

## 照片版权

Philippe Pottier- 封面图片
马克·德·杜尔门的家庭档案
*Manchuria Monitor*
斯维特拉娜·洛博夫的家庭档案
*Femme d'aujourd'hui*
Hulton-Deutsch Collection / Corbis via Getty Images
Sabine Weiss
巴黎市政府档案
Thurston Hopkins / Getty Images
Eugene Kammerman
Philippe Pottier
*Marie France*
Keystone Press
British Pathé
Willy Maywald
Philippe Le Tellier @archives Paris Match

Chen Yu
Willy Rizzo @archives Paris Match
Archives nationales du Brésil
Shahrokh Hatami
Harry Meerson
Bettmann / Getty Images
DR / Collection Christian Dior Parfums
Archives privées de Yorn Michaelsen
*The Australian Women's Weekly*
Jean-Pierre Pedrazzini @archives Paris Match
Ake Blomquist, *Svenska Dagbladet*
My Heritage
Archives privées d'Adam Shaw
*Claudine*
*Gyulnara Neumann*